すぐ授業に使える

性教育
実践資料集
中学校改定版

一般財団法人 日本児童教育振興財団内

日本性教育協会 編

小学館

はじめに

「学校における性教育の充実のために」

　近年、生徒を取り巻く性に関する社会的な環境は、次から次へと変化してきている。性感染症ではエイズにかわりここ数年、梅毒の広まりが話題となってきている。インターネットやスマートフォンの普及によって、生徒が自由に多種多様な情報の収集ができるようになり、また、SNS等を通して、新たな人間関係づくりが生まれ、被害者、時には加害者となる事件も発生している。この点においても、無知の結果、不幸を招くことのないような指導が必要であるが、大人が知らない世界がますます生徒たちの中に広まっており、指導の困難さもみえる。

　「学校における性教育」、とりわけ中学校の現場においては、その必要性を認めながらも、取組についてはここ十数年、停滞している。また、最近は一般教員の授業実践が減少し、養護教諭や外部指導者中心の性教育となってきている傾向がみられる。原因として考えられることは第一に「学校における性教育」の概念（ねらい）が理解されていないことであろう。次に十数年前に起きた都立養護学校の問題や、「行き過ぎた内容、学習指導要領を逸脱した内容」が問題になり、性教育バッシングが起こり、管理職はじめ学校現場での実践が慎重になったこと、また、教師の多忙感から教科外の指導に力を注ぐ余地がなくなってきていることも事実である。

　性教育は中学生に必要であるが、その指導方法が分からないという現場の声が多く聞かれる。教科の指導では、それぞれ専門性があり、長年にわたり授業の指導案や指導方法、教材・教具についても積み上げてきた実績がある。また、先達の研究を生かし、参考にすることができる。しかし、性教育に関しては歴史が浅く、1949（昭和24）年、体育が保健体育となり、健康教育の内容に『成熟期への到達』が掲載され、1951（昭和26）年保健体育の検定教科書が発行され、保健の学習に『第二次性徴や月経・射精』が学習内容に取り上げられるようになった。

　その後、1960年代半ばになり、やっと本格的に「学校における性教育」の研究が一部の有志で行われるようになり、保健分野以外での学習の重要性から研究がなされ、学校全体で全教師による研究が進められてきた。しかし、その位置づけが曖昧なために責任の所在が明確でなく、授業研究が進まず、実践事例も少ない状況から、2007年、「実践資料集」が日本性教育協会より出版された。それから十数年たち、学校における性教育の基本的な理念に大きな変化はないが、現代的な課題の変化は著しく、それに対応し改訂に至った。改訂にあたり、以下のことに配慮をした。

（1）教育課程に基づいて性教育の年間指導計画を作成する

　公立学校では学校教育の目的や目標を達成するために教育課程を編成し、それに基づいて教育を実施しなければならない。このため学校が性教育を行うには、その計画を教育課程に位置づける必要がある。学校の教育課程は学校教育法施行規則によって、教科、特別な教科道徳（以下、道徳科）、特別活動及び総合的な学習の時間を加えて編成しなければならない。しかも教育課程の基準は学習指導要領によるものと定められている。

　これらのことから生徒の発達段階（学年）別に、性教育の基本目標の達成に必要と思われる指導内容を学習指導要領に教科、道徳科、特別活動の内容として示されている中から選択し編成する必要がある。正しくカリキュラム・マネジメントを行うことである。このため年間指導計画に位置づけた性教育の内容は、教科、道徳科、特別活動のいずれかの内容であるかを各事例案のタイトルの後に示した。

（2）単位時間における性教育の指導計画に必要な項目は何かを明確にする

　性教育の授業には、教科における性に関する内容を性教育という観点から発展的に扱う授業（例えば、保健の心身の発育・発達や性自認を確かにするというねらいで扱う場合）と、学級活動や道徳科の授業として性に関する内容を扱う場合とがあり、前者の場合はそれぞれの授業の特性を踏まえて指導計画を作成する必要がある。

　しかし、いずれの場合も、授業のねらいが具体的でなければならない。そのためには「主題設定の理由」を明らかにしておく必要がある。また、授業のねらいは、主題設定の理由から求められることや、評価に着目して事例を示した。

（3）新たな授業改善・学習形態の工夫

　今回の学習指導要領の改訂の基本的な考え方として「社会に開かれた教育課程」の重視、確かな学力の育成、豊かな心や健やかな体の育成をあげている。未来を拓く子どもたちの育成を目指す資質・能力として、３つの柱「知識・技能」「思考・判断力・表現力」「学びに向かう力、人間性の涵養」をあげ、「主体的・対話的で深い学び」の実現に向けた授業の改善、そして、各学校におけるカリキュラム・マネジメントの推進が求められている。

　性教育の学習においても教師中心の一斉指導、断片的な知識の伝達から、生徒自らが意欲をもって主体的に学びに向かい、知識を得ていく中で自ら考え、必要な情報を適切に判断し、行動化できるように、学びを人生や社会に生かそうとする力を養うことが求められている。

　グループワーク、プレゼンテーション、ロールプレイ、調べ学習等々、生徒自らが授業に参画できるよう、様々な授業形態を工夫している。

（4）集団指導と個別指導を明確にする

　中学校で性教育を行うにあたっては、男女差や、性に関する興味・関心、知識の量、家

庭環境等、個人差があり、一斉に一律で行うだけでは対応しきれないことがある。集団指導であっても、一人一人の受け止めが見える学級単位での授業、学年全体や異学年を体育館などに集め全校生徒を対象に行う講話形式などその集団の大きさにより、話の内容や授業形態等々、十分に配慮が必要である。また、集団での指導は、教育課程に則して、あらかじめ適切な時期や内容等を系統的・計画的に進めることが重要である。

一方、個別指導においては、個々の生徒が抱えている課題や一人一人の発達の特性に応じた課題の解決に向けての指導や支援が必要である。性に関しての疑問や悩み相談、時には個別の指導（生徒指導）が必要なこともあり、担任、養護教諭その他、保健室や相談室での相談活動等カウンセリングが必要となる。各学校においては、全教職員の共通理解のもと、集団指導での内容と個別指導での内容を整理した上で、性に関する指導を推進する必要がある。

最近、日本でもやっと「多様な性」が話題となってきており、「性的マイノリティ（少数派）」の学校現場における認知度も高まってきている。本文中に男・女、男性・女性、男女等の表記がなされているが、「『人間の性』は、男と女という二つの性に二分されるものではない」ということを当然認識した上で使用している。実際に生物学的に男・女の「性（SEX）」は存在しており、性差もあり、「性教育」を学ぶ上で重要な要素である。授業者は常に「性の多様性」に配慮し、授業を行うことが大切である。

指導事例については、主に学級単位での指導事例と個別指導での事例、組織の事例に分け掲載している。また、それらの事例の実践については、各学校のおかれている地域や生徒の実態等に即した指導の工夫・改善が必要である。

2020年6月

すぐ授業に使える 性教育実践資料集
中学校改訂版

第1章　中学校における性教育

第2章　性教育の実践

第3章　指導事例

〈編集委員〉

堀内比佐子（全国性教育研究団体連絡協議会事務局長）

藤本　　渡（全国性教育研究団体連絡協議会監事）

福迫　　潮（東京都性教育研究会会長・全国性教育研究団体連絡協議会副理事長）

郡　　吉範（東京都中学校性教育研究会会長・東京都新宿区立西新宿中学校校長）

〈執　　筆〉（50音順）

桐川　　勲（東京都小笠原村教育長・前東京都府中市立府中第二中学校校長）

笹森　史子（東京都府中市立府中第五中学校主任教諭）

田中　佑子（東京都西多摩郡日の出町立平井中学校主任養護教諭）

遠田　次郎（東京都目黒区立第十中学校主任教諭）

中澤　幸彦（東京都町田市立山崎中学校主任教諭）

永野　　薫（東京都江戸川区立小岩第二中学校特別支援教室巡回指導教諭）

蓮尾　　豊（あおもり女性ヘルスケア研究所所長）

福迫　　潮（東京都性教育研究会会長・全国性教育研究団体連絡協議会副理事長）

藤本　　渡（全国性教育研究団体連絡協議会監事）

細谷　晋一（東京都文京区立第一中学校主任教諭）

堀内比佐子（全国性教育研究団体連絡協議会事務局長）

第 1 章

中学校における性教育

①性教育を実践するにあたって

1. 中学生になぜ性教育が必要なのか

　中学校でなぜ、性教育が必要であるか。言うまでもなく、生徒自身が子どもから大人の体へと成長していく時期であるからである。そして、教師はその思春期真っ只中の生徒と日々対峙して、授業や行事、学級活動・部活動等々、様々な学校生活を通して常に生徒と関わっており、性の成熟期を迎えている一人一人の生徒の発育・発達を理解した上での関わりは大切だからである。

　学校における性教育は校長の指導監督（責任）のもとに「学校の教育活動全体で共通理解を図り……実施すべき」（「文部科学省中学校学習指導要領　総則」より）であり、保健体育教師や養護教諭、また外部の指導者のみでなく、全教師による指導が求められていることをまず、理解すべきであろう。

2.「学校における性教育」の概念を整える

　「性教育」という言葉には、多様な解釈があり、日本の文化の中には、「性」という言葉には、『卑猥な』『いやらしい』というイメージが根強くあり、教育の現場での指導に躊躇がみられる。戦後70年余、学校における性教育の研究は進められてきたが、いまだに教師の中には「性教育」＝「セックス教育」という思い込みが払拭できず、「人間の性」をセクシュアリティの概念でとらえることができていない者も多い。

　「性教育」を「学校における性教育」という括りをすることにより、学校では「人間の性」や「性教育」についてどのようにとらえるか共通概念を整えて性教育を語り、実践することが前提となる。

3.「学校における性教育」の究極のねらい

　学校における性教育のねらいは「人格の完成と豊かな人間形成」を究極の目的としている。これは、学校教育の目標と合致しており、このことからも生命尊重や人間尊重、男女平等の精神に基づいて、「性教育」が全人的な人の生き方としての幅広い学びであり、この理念に基づいて、学校における性教育は実施されなければならない。

　また、学校における性教育を実施するにあたっては、教科指導と同様に学習指導要領に準拠し、各校で生徒の実態・地域環境等に応じた年間指導計画を作成し、教育課程へ位置づけなければならない。その際、「性教育」の指導内容については、様々な教科・道徳科・特別活動等に散りばめられている内容を関連づけて、学校としてカリキュラム・マネジメントをする必要がある。

4. 性教育の現代的な内容と普遍的な内容

　生徒を取り巻く性に関する社会的な事象は、次から次へと起こってきている。平成に入り、日本で初のエイズ患者の発生により、エイズ／ HIV 予防教育が求められた。若年者の性行動の活発化に伴って、2001 ～ 2002 年には 10 代の人工妊娠中絶や性感染症、特にクラミジア感染がピークになり、感染した女子のうち高校生が 25% を占め、社会的な話題となり、学校での性教育の在り方が問われた。

　また、東京都内の養護学校で行われた性教育の行き過ぎた内容、逸脱した内容の指導が各地で話題となり、「性教育氷河期」を迎え、授業や研究にブレーキがかかることになった。その後も、子宮頸がんワクチンや、妊孕性の問題（妊娠・出産の適齢期、卵子の老化等）、デート DV そして、最近では「性的マイノリティ」への理解や「SNS・ネット情報」等による被害や加害も問題となり、指導が求められている。

　これらの性に関する社会的事象の解決の根底には「人間の性」のとらえ方や、性自認、性に関する基本的な知識、人との関わり等々、人の生き方としての学習が必要である。

　思春期を迎えるにあたり、自己の心身の変化に気づき、なぜ？を知ること。自己理解はもちろんのこと、自分以外の人を理解し、互いに認め合うこと、そして、どう関わっていくかを集団の中で体験的に学ぶことが大切である。表面化している現代的課題の解決には、何が必要なのかを見極める必要がある。

　『学校は、全ての教師による組織的・計画的な教育活動として性教育を実施するには、どのようにすればよいか』を目標に、思春期真っ只中にいる目の前の生徒のために教師としての役割を果たしていかなければならない。

②性教育の目的と意義

　学校で「性教育」を行うにあたっては、すべての教職員が「人間の性」の理解や性教育の目的や意義、必要性、学校における性教育の基本的な指導の在り方などについて共通理解・共通認識を図る必要がある。なぜならば、「人間の性」については教職員間でも様々な考え方や価値観があり、生徒の指導にあたっては、共通の概念を整えることが必須だからである。

1.「人間の性」と包括的性教育

　「人間の性」は、生まれながらに様々で、養育や生育の環境により多様な育ちをし、性的な指向や表現も様々であるが、すべての人間が人間として尊重されなければならない。生命尊重、人間尊重、男女平等、そして人権尊重に基づいてそれぞれに違いを認め、尊重し合うことが基本である。自己の性をどのように受け止めるかによって、生き方に差異が生じてくることを理解することが必要である。

人間の性を「セクシュアリティ（Sexuality）」という人格と人格とのふれ合い、人間の性の在り方すべてを包含する幅広い概念でとらえ、いわゆる「セックス」と区別をしている。学校における性教育は「セックス教育」ではなく、「セクシュアリティの教育」でなければならない。

　「セックス（Sex）は雄、雌の性別や性交そのものをさすが、セクシュアリティは、人間の生涯にわたる基本的な要素であり、それは身体的、心理的、精神的、社会的、経済的、政治的、文化的な側面をもつ。セクシュアリティはジェンダーとの関連なしには理解することができない。そして、多様性はセクシュアリティの基本である。」（国際セクシュアリティ教育ガイダンスより）

　「人間の性」について、具体的に次のように考えることができる。

（1）生物学的性（Sex：セックス）からだの性

　受精による性染色体の組み合わせで、XY：男性、XX：女性、として個体の性が規定される。染色体の組み合わせにより、外性器・内性器・性ホルモンなどが分化する。しかし、染色体の組合せがXO、XXYなどのために性分化が明確にならないことが稀に起こる。

（2）性自認（Gender Identity：ジェンダー・アイデンティティ）心の性

　成長の過程で、自分が一方の性に属し、他の性に属していないことに気づき、性の自認が行われる（社会的性同一性）。しかし、生物学的性と心の性（性の自認）が一致せず、性別違和を感じる人（トランスジェンダー：T）もいる。「性同一性障がい（害）」という言葉は、医療機関を受診した場合の医学的な診断名である。自分自身の性をどう受け止めるかは様々であり、男、女に二分化されるものではない。

※思春期に入り体の変化があらわれてくると、生徒の中にはより性別違和を感じ、自己の性を受け入れ難くなる者もおり、配慮が必要である。

（3）性的指向

　性的指向とは、どのような相手を恋愛や性愛の対象とするかということで、＊異性愛（ヘテロセクシュアル）、＊同性愛（レズビアン：L、ゲイ：G）、＊両性愛（バイセクシュアル：B）、さらにQ（クエスチョニング：自分の指向が分からない）、I（インターセックス：中間的な性をあらわす言葉で、身体的な性が男性・女性の中間もしくはどちらにも一致しない）、A（アセクシュアル：他者に対して性的欲求や恋愛感情を抱かない）など、まさしく人間の性は多様で、グラデーションと言われる所以である。

　教師の中には多様性を理解せず、悪意がなくとも教師の一言によって、生徒を傷つけていることもあり、教師自身の「人権感覚」を磨くことが求められている。

（4）性的表現

　身体的な性にかかわらず、自己の性をどのように表現するか、これも多様である。言葉

づかいや、立ち居振る舞い、服装などで身体的な性と異なった表現をすることがある。

　性的マイノリティやLGBTは、ある特定の人をさす言葉であるが、性的指向や、性の自認はすべての人にかかわることであり、SOGI（Sexual Orientation：性的指向とGender Identity：性自認）「ソジ」または「ソギ」と呼ぶ言葉も使われるようになる。いずれにしても様々な性的指向、性の多様性を認め合うことの大切さを共感することが重要である。

　人間の性をセクシュアリティ（Sexuality）の概念でとらえることによって、「学校における性教育」が単に「性交、妊娠、避妊、中絶」等の望まぬ妊娠や性感染症を防ぐことを重視する性教育だけではなく、自己のアイデンティティを確立させ、「自他の命の大切さ、他者への思いやり、人とのかかわり」等々、人の生き方としての性の在り方を生徒自ら考え、適切な行動選択ができるようにすることが大切である。

2.「性教育」の目的と意義

　学校教育は、児童生徒等の人格の完成、豊かな人間形成を目的とし、生命尊重、人格の尊重、人権尊重など民主主義の基本的な理念である人間尊重の精神に基づいて行われるものである。このため、性教育も人間の性を人格の基本的な部分として、生理的側面、心理的側面、社会的側面などから、総合的にとらえ、科学的知識を与えるとともに、児童生徒が生命の大切さを理解し、また、人間尊重、男女平等の精神に基づく正しい異性観をもち、望ましい行動をとれるようにすることによって、人格の完成、豊かな人間形成に資することを目的にしている。

　学校は、すべての生徒へ人間の性に関する基礎的・基本的事項を正しく理解させ、同性や異性との人間関係や現在および将来の生活において直面する性に関する諸問題に対して、適切な意思決定や行動選択ができるよう性教育を充実させる必要がある。

　人間は、生涯を通して生物学的にも社会的にも文化的にも自己の性を意識し、他人との性的なかかわりをもちながら生きている。これらのかかわりは、家庭、学校、地域、社会、職場などのあらゆる場面に存在する。また、人間の性が人格の中核をなすことから、一人一人が性に対してどのような認識や価値観をもっているかによって、生き方を規定したり、行動選択がなされることが多くある故に、中学校での性に関する学びは欠かせない。

（1）性教育の基本的な目標

　性教育については、教科や道徳科のように学習指導要領にその目標が示されていない。そのため性教育の目標は、前述の目的や意義を受け各学校において設定する必要がある。生徒の人格の完成を究極の目的として、一貫性や系統性を考慮した各学年、各校種間を結ぶ目標、言い換えれば、学校教育における性教育の基本目標というべき事項を明らかにしておく必要がある。

　学校は、すべての生徒に対して人間尊重・男女平等の精神の徹底を図るとともに、人間の性に関する基礎的・基本的事項を正しく理解させ、同性や異性との人間関係や現在及び

将来の生活において直面する性に関する諸問題に対して、適切な意思決定や行動選択ができるように指導する必要がある。

　学校における性教育の目標を次のように３つにまとめてあげる。

①自己の性の認識を確かにさせる

　人間は他の動物と違って、ただ生命を維持し種族を残すというだけでなく、人間としてどのように生きるかが問われ、そこに生命の尊さがある。新たな生命の誕生の喜びと生命の終わりの悲しみを知り、自他の命の尊厳とかけがえのない唯一無二の命を大切にすると同時に、性の成熟期を迎えると新たな生命をつくることが可能になることを理解させる。

　人間は男か女かという事実（生物学的性）や男になることや女になること（心理的、社会的、文化的）をどう理解し認識するかによって、生き方に差異が生じる。また、人間の性は多様で、必ずしも生物学的な性と精神的な性が一致するとは限らず、特に二次性徴の発現に伴い、思春期を迎える中学生期には性別違和を感じる生徒への配慮が必要となる。従って児童生徒の人格の完成を図るためには、人間の性を多面的、多角的にとらえさせ、自己の性に対する認識を確かにさせる必要がある。

②人間尊重・男女平等の精神に基づく豊かな人間関係を築く

　人間はその生涯を通じて、同性や異性と様々な人間関係を結びながら生活をしていくが、その際、すべての人が、平等の立場で、お互いに理解し、人格を尊重し合いながら協力していくことが必要である。しかし、戦後に民主主義時代を迎えた日本人は、戦前までの男尊女卑の思想や、男性に寛容で女性に厳しい性の二重倫理等が存在し、その風潮が、時にはDV（ドメスティック・バイオレンス）を引き起こす要因ともなっている。

　生徒が現在および将来においてより豊かな人間関係を築くことができるよう、発達段階に応じて平等の立場で、相互に人格を尊重し合うことの大切さや、他者との接し方などを習得し、日常生活に具体化できるようにする必要がある。

　人とのかかわりは乳幼児期の親、または養育に携わった人との関係が根底にある。中学生期には、他者とのかかわりは他者を思いやることから始まることを認識させる。また、多くの生徒は異性への興味やかかわりを求めるが、時には同性への興味やかかわりを寄せるものもおり、配慮が必要である。

③性にかかわる諸問題を適切に判断し、対処する資質や能力を育てる

　人間は性に関する様々な思想や文化・風俗・習慣・法律・制度などの中で、家族・地域・職場等様々な社会集団の一員として生きている。これらの場で直面する性の諸問題を適切に判断し、対処する資質や能力を育てる必要がある。

　特に最近では、エイズ等の性感染症、人工妊娠中絶、デートDVや性的虐待等に加え、インターネット上での性情報の氾濫、SNSによる被害等、中学生を取り巻く諸問題が数々起きている。一方、生徒の行動選択のもとには家庭や家族の在り方や、大人社会の影響もあり、社会環境を整える必要もある。

（3）性教育の基本的な内容

　学校における性教育の内容は、生徒がその目標を達成するために必要とする性に関する内容と、保護者や社会が学校教育に期待する性に関する内容等を生徒の発達段階に応じて選択し、学習指導要領に示された各教科、道徳科、特別活動等に散りばめられている性に関する内容を校長のリーダーシップのもとで、カリキュラム・マネジメントをする必要がある。その際、下記のような考えのもとに内容を組み込むことが求められる。

①自己の性自認に関すること

＊生命の尊重・生命の誕生

　中学生になると性の成熟に伴い、性交に対する興味や関心をもつ生徒も多くなる。さらに思春期に入った生徒が性衝動をおぼえ、性交について考えたりするのは、種族を維持しようとする潜在的な心の動きとして、自然なことであるとも言える。

　中学生期には生殖の仕組みを理解させるだけでなく、人間は動物と違って、性周期がないこと、子どもを産む・産まないということが自由に選択できること、人間の子どもは人間に育てられなければならないことを知らせ、新しい生命を創造する体に成長しても、まだ親になることは困難であるということを認識させる。また、かけがえのない自他の命と自己の人生を大切にすることを理解させる。

＊自己の性自認

- 人間に性別があるのは生命をつないでいくためであるという基本的な理解の上で、性についての発育発達、生殖の仕組み、性感染症などの性と健康に関する知識や能力を身に付けさせる。
- 身体的、生理的側面から自己の性を認識させる内容、身体的発達や変化について理解を深め、自己の性を肯定的に受容させるための内容などが必要である。この場合、多様な性があることを前提に、すべての人間が人間として尊重されなければならないことを理解させる。
- 身体的、精神的な発達や変化による不安や悩みについて理解し、個人的適応を図ることや、他人を思いやる心情を育てる内容が必要である。
- 人間は、心理的・社会的・文化的な意味を含んだ性別による接し方やしつけ（育て方）がなされていること、人間は生まれながらに様々であり、それぞれの生き方を尊重しなければならないこと、男女が人間として平等の立場で人格を尊重し合うことなどを理解させる。

②豊かな人間関係の育成に関すること

＊異性の相互理解に関する内容

　男女では物事に対する感じ方や考え方、行動様式に差異があることが多い。異性に対する理解や思いやりの心が十分に形成されていなかったり、それを表現する方法を習得していなかったりすることから相手の人格を傷つけるような態度や行動をとったり、思い違いをして相手を困惑させたりするようなことが生じる。このため男女の身体的・生理的な差

異や心理的な特徴、男女平等の精神などについて理解を深めさせ、異性を尊重する態度や行動のしかたについて習得させる必要がある。

＊人間関係の基礎的な内容

　生徒の発達段階に応じて、人間関係についての基本的な原理に気づかせて、人間関係を築いていくためには、相手との相互理解を深めるようにするとともに積極性や言語、態度による自己表現の能力、相手に対する受容的な態度、相手との違いに対して「我慢する」「相手に譲る」「相手に合わせる」「待つ」などといった忍耐力や調整力などが必要であり、これらの人間関係の技術・能力などを高めさせることが大切である。

＊異性の人間関係に関する内容

　最近の生徒はマスコミや社会風潮の影響を受け、低年齢の段階から、異性との交際についての願望が強く、思春期になると特定の異性と親しくするようになり、性行為を体験する生徒も生じる。

　この時期には、異性の人間関係の成立の要因やその要因によって多様な他者との人間関係がつくられることを知らせ、そこでは信頼関係を築くことやその過程が大切であることを理解させる必要がある。特定の異性と親しくなる前に、異性に対する理解を深め、異性の人格を尊重した行動や態度、具体的には人間関係のエチケットやマナーを習得させる必要がある。

＊特定の異性との交際に関する内容

　思春期になれば特定の異性と親密な交際をする生徒もあらわれるが、その交際は多様であって男女間の好ましい交際が物事に対する積極的な意欲をわかせることもあるが、一方で情緒的に不安定となり、学習意欲が低下したり、学校生活に不適応を生じたりすることもある。

　身体的・生理的な知識や異性に対する理解や認識が不足していたり、自己の確立が不十分なために感情に溺れて安易に性行為を体験し、心身ともに傷ついたり、予期しない妊娠や、性感染症等に感染したりする者もいる。最近は多様な出会いがあり、年齢差のある異性とのつき合いも出てきており、特定の異性との交際に関し、賢明な意思決定や行動選択の能力を育てる必要がある。

③家庭や社会の一員として性に関する諸問題への対応に関すること

　人間は生まれた時から、家族またはそれにかわる養育者の中で育てられていき、一人では決して生きていくことはできない。常に人とのかかわりの中で育てられ成長していく。そして、成長とともにその集団は広まり、いずれは社会の構成員の一人になっていく。

　家庭や社会の一員としての役割を自覚し、適切な行動がとれるような資質や能力を育てることは重要である。

　生徒を取り巻く性に関する社会的な事象は多くあり、変化も激しい。生徒が、現在及び将来において家族や社会の一員として生きていく上で必要とされる性に関する内容は次の事項が考えられる。

＊性役割・性差別に関する内容

　わが国では伝統的な家族制度、古い時代の性別分業などによって、男女に対する性的役割が固定化され、性差別を生んできた。このため、生徒の発達段階に応じて、家庭や学校、社会での性役割や固定的な性役割観の発生要因とそれによる性差別などの学習を通して、人間尊重、男女平等の精神の徹底や男女共同参画社会の実現を目指す指導が必要である。

＊性情報に関する内容

　マスコミやインターネット情報の中には、人間の性を興味本位に、しかも内容を誇張したり性の快楽性を強調して、性を快楽的、消費的なイメージでとらえさせているものも多くみられる。また、スマートフォンやパソコンの普及は生徒の対人関係に大きな変化をもたらしている。最近、SNSによる被害も増加してきているが、一方、知識が不十分なために加害者となることもある。マスコミやインターネットからの情報の意義や価値について考えさせ、性情報を適切に取捨選択して自己の成長発達に役立てる能力を身に付けることが重要である。そのためにも、学校は生徒に正しい性情報を伝えていく必要がある。

＊性の被害・加害に関する内容

　人間尊重、男女平等の視点から様々な性被害について理解させ、日常の生活における性被害・加害の発生状況やその防止について考えさせる必要がある。その上で学校や地域の実態などに応じて、生徒が受けやすい性被害の発生状況や発生要因などを知らせるとともに被害を受けた場合などの対処のしかた等について具体的に理解させる必要がある。また、加害については、なぜ加害者になるのかを考えさせ、加害者は人間尊重、男女平等の精神から絶対に許されないこと、自己中心的な欲求による自制心に欠けた行動は、相手の心身を傷つけるだけでなく、自分自身も大きな罪を負うことになることを理解させることが大切である。

＊性感染症に関する内容

　近年の性感染症は、HIV／エイズ、クラミジア等の感染に加え、梅毒等の発生も問題となっている。依然として横ばいを続けているHIV／エイズ等についての最新情報を知らせると同時に最近急激に発生してきた梅毒等の性感染症にもふれ、予防法を学ぶとともに、偏見差別の払拭のための教育が必要である。

＊「性的マイノリティ」に関する内容

　「性的マイノリティ（少数派）」または「LGBT」は、最近、特に性教育の内容として取り上げられてきている。「人間の性」の多様性については、先に説明済みであるが、性自認と性的指向はすべての人にかかわることであり（SOGIの考え方）「性別違和」を感じたり、性的指向が他の人と違うのは特別なことではなく、性の多様性や様々な性的指向を認め合うことは、人権尊重の視点からも重要な課題である。

性教育に関する主な学習内容一覧

		1学年	2学年	3学年
自己の性の自認	生命尊重	・自他の命を大切にするとともに、新たな命の誕生はかけがえのない喜びであること ・人間は生まれながらに多様でありすべての人間が人間として尊重されなければならない ・人間は単に生命を維持し種の保存をするだけでなく、どのように生きるかが重要である		
		生殖に関わる機能の成熟 【保健体育】	生命の尊重・連続性 【理科】	
		生命の尊さ・自他の生命の尊重【道徳 D（19）】		
	生物学的側面	・男女には生物学的に差異があることを知り、お互いを尊重し合う ・性ホルモンの分泌に伴い成熟期を迎え、生殖に関わる科学的な知識を正しく理解する ・思春期になると性の成熟が始まり、受精・妊娠・出産が可能になる		
		身体機能の発達・生殖に関わる機能の成熟【保健体育】	体のつくりと働き 【理科】	生命の連続性 【理科】
		性的な発達への対応　思春期の悩みや不安【特別活動（2）ウ】		
	心理的側面	・自己の性を肯定的に受容できるようにし、異性の心理的特徴を理解する ・身体的な性の成熟に伴い心理的な変化が起こり、不安や悩みが生じる。情緒的にも不安定な時期を迎え、心と体のアンバランスな時期となり、性衝動が発現する		
		・精神機能の発達と自己形成 　欲求やストレスへの対処 　と心の健康【保健体育】		
		性的な発達への対応　思春期の悩みや不安【特別活動（2）ウ】		
豊かな人間関係	社会的側面	・人との関わりの基本を学び、自己表現の能力や相手を受容する力を備える ・他者の理解、特に異性の身体的・心理的特徴や行動様式の違い等を理解する ・特定の異性との関わり方を学び、互いを尊重し平等な関係が築けるようにする		
		生殖に関わる機能の成熟 精神機能の発達と自己形成 【保健体育】		健康な生活と疾病の予防 【保健体育】
		【友情・信頼】【道徳 B（8）】　【相互理解・寛容】【道徳 B（9）】		
		自他の個性の理解の尊重、よりよい人間関係の形成【特別活動（2）ア】 男女相互の理解と協力【特別活動　（2）イ】		
家庭や社会の一員として		・人は多様な性に対する考えや生き方があり、相互に認め、尊重し合うことが重要である ・固定的な性役割は性差別であり、男女平等や男女平等共同参画社会の実現を目指す ・氾濫する性情報に対する適切な判断や行動選択が求められ、被害者・加害者とならないことが重要である ・自分の将来を見据えてライフプランを考え、予定外の妊娠・出産は社会的な責任があると同時に、人生設計が崩れること		
		家庭と家庭生活 【家庭科】		人間の尊重と日本国憲法 人権・エイズ【社会】
		【公正・公平】　差別や偏見のない社会の実現【道徳　C（11）】 【家族愛・家庭生活の充実】家族の一員としての自覚【道徳C（14）】		
		心身ともに健康で安全な生活態度や習慣の形成【特別活動（2）　エ】		

第 **2** 章

性教育の実践

①性教育の現状と実践の課題

1. 中学生を取り巻く社会環境の変化

　性に関する考え方や行動はその国の歴史や文化、風俗、慣習などの要因の上になりたっている。さらに、今を生きる子どもたちは、その時代の背景から様々な影響を受け成長してきている。大人は誰しも同じ様に思春期を経て成長してきているが、大きな違いは心身の発育発達の過程での悩みや課題だけでなく社会環境の変化である。近年の急速な IT 機器の発達は、様々な大量の情報をもたらし、人との出会いやかかわり方へ影響を及ぼしている。現在、子どもたちは大人にはみえていない、理解できない社会の中で成長してきている。

　平成の時代の 30 年、若者を取り巻く性にかかわる社会環境は大きく変化してきた。平成の初めは HIV ／エイズの感染・発症が起こり「エイズの予防ワクチンは、教育である」と当時の文部省の推進もあり、全国的に授業研究・実践が進められた。出会い系サイト・ブルセラ等の性の商品化が進み、初交年齢の早まりや性行為の活発化によりクラミジア等の性感染症の増加は、必然的に 10 代の妊娠・出産、そして人工妊娠中絶の増加を招き、2002 ～ 2003 年にピークを迎え社会問題ともなった。

　それらを受け、医療関係や一般社会からの要請もあり、学校での性教育は限られた時間の中で、エイズや望まぬ妊娠の予防教育に傾斜していき、現代的な課題の対応が主になった。その結果、「自己や他者理解」や「人とのかかわり」、「人としての生き方」等の学びが欠けることになった。このことが「学校における性教育」は、養護教諭や外部の専門講師が行うものとなり、学級担任等のかかわりが薄らぐ要因の一つとなったと思われる。

2. 中学生の性にかかわる行動・意識の実態

　東京都中学校性教育研究会の 2014 年「性に関する実態調査」（『児童・生徒の性に関する調査報告』東京都幼・小・中・高・心性教育研究会）によると、性の成熟の状況は、女子の初経については、2002 年よりほとんど変化はなく中学 3 年で 95％強の者が経験しているのに対し、男子の「精通」については、中学 3 年までに「精通現象を経験している」の回答は 49.2％であり、2002 年（60％）よりも 10 ポイントも少なくなっている。

　男子に関しては、性の成熟が遅くなってきていると読み取れる。また、3 年男女の「性交願望〔今までに性的接触（性交）をしたいと思ったことがあるか〕」については経年調査を行っているが「あり」の割合が 1987 年調査のピーク（男子 86％、女子 36％）から 3 分の 1 強（男子 26％、女子 11％）まで激減してきている。

　一方、「日本性教育協会」最新（2017 年）の「青少年の性行動全国調査」（『「若者の性」白書』小学館）によると若者の性行動がさらに分極化する結果が出ている。前回（2011 年）の調査で若者の「草食化」が話題になったが、今回も男女とも性行動（恋人の有無、

キス・デート経験、性交経験）の不活発な状況が進んできている。

　同調査で「性に対するイメージ　楽しい⇔楽しくない」についても、1999 年から 2017 年の 4 回の中学生の調査結果は、「楽しい・どちらかといえば楽しい」の回答が「どちらかといえば楽しくない・楽しくない」より連続して減少してきている。つまり様々な要因が考えられるが、「性」についてのイメージが、ここ 20 年近くの間に「楽しくない」方向に印象づけられてきたと思われる。

　生徒を取り巻く社会環境の変化や調査結果等を踏まえ、学校での性教育の実践が「危ない、危険……」から、「大切で夢のある」時間となるよう授業の工夫・改善と指導者の意識改革が求められる。

3. 中学校における性教育の現状

　平成の中頃に東京都の養護学校での指導内容が都議会で指摘されたことに端を発し、「行き過ぎた内容や発達段階を無視した指導」でいわゆる性教育バッシングが起こった。その影響もあり、全国的に「学校における性教育」の指導が極端に慎重になり、研究会への参加や、性教育の授業実践ができなくなり、停滞の時期が続いた。もちろん、実践ができない理由は、「教育現場の多忙化」等もあげられる。

　しかし、中学生が性の成熟期を迎え、心身の変化や不安感、心の揺らぎや多感な時期を迎えていることや中学生を取り巻く社会環境の激変により、現代的な課題の解決の必要性に迫られていることを考えると、性に関する指導は先送りができるものではない。2019（平成 31）年 3 月、東京都教育委員会から 15 年ぶりに「性教育の手引」が出され、現場の指導がし易くなり、停滞している実践に期待がもてる。

　学校における性教育の指導の基礎・基本となるのは保健体育・保健分野である。2017（平成 29）年 7 月に出された「中学校学習指導要領 解説 保健体育編」では、保健の授業で「(2) 心身の機能の発達と心の健康　ア（イ）生殖に関わる機能の成熟」等で科学的な理解を図ることになっているが、各校においては、3 年間で 48 時間の保健の授業時数を確保し、指導内容を確実に実施することが大前提であろう。そのうえで、校長のリーダーシップのもとに他の教科や道徳科、特別活動等と関連づけたカリキュラム・マネジメントを行い、性教育の年間指導計画を立て深めていくことが望まれる。一方、中学校の現場では生徒を取り巻く環境の変化を受け、教師も性教育の実践の必要性を感じているが、「指導の方法がわからない」と多くの教師が答えている。指導方法の検討や授業研究、資料の収集等を行い、学校・生徒・地域の実態に即した計画、実践が急務であろう。

4. 性にかかわる現代的な課題への対応

　平成時代の 30 年余、その間、社会で起こった様々な性にかかわる課題に対応してきた。次にあげる課題だけでなく、一時期の初交経験の早期化や女子高校生の性交経験の活発化、子宮頸がんやそのワクチン、妊娠出産の適齢期（妊孕性）の問題等があった。

（1）妊娠・出産・中絶に伴う課題

　厚生労働省のデータによると 20 歳未満の人工妊娠中絶数は 2001 年をピークに減少してきている（2001 年：13/1000 ⇒ 2016 年：5 /1000）。2016 年の 15 歳未満は女子人口 1000人中 1.1 という数になっている。中絶が一番多いのは 20 歳〜 24 歳で 12.9/1000、周産期死亡率が高いのは 19 歳未満と 40 歳前後以降で、中学生期には、妊娠・出産に最適な時期のあることを理解することも必要である。

　妊娠した場合は出産するか、中絶するかの選択しかない。最近、高等学校では、親や周囲の理解の上で在学しながらの出産が可能なところも出てきたが、経済的なことも含め、学業を続けながらの養育は負担が大きい。中絶の選択は、早期の判断が必要であること、母体へのダメージもあり得ること、そして何よりも尊い生命を失うことになり、本人の精神的な負担も大きい。また、子どもへの虐待も統計的に若年出産者と高齢出産者に多いこと等を考えると「……子ども（学齢期）の性行為は適切ではない……」を基本に、お互いを尊重し合う関係性をどう構築していくか、生徒自らの課題として考えさせていくことが望ましい。

　親にも教師にも友人にも相談できず、中絶の時期を逃してしまい"孤立出産"をし、生まれて数時間しか生きることができずに尊い命が奪われていく……、という悲惨な事件が起こっている。予期せぬ妊娠を防ぐためには中学生で妊娠することのリスクや新たな生命の尊さを知り、自らの判断とともにしっかりと主張できる対等な立場での男女関係であること、また、妊娠に関しては結果的に女子が大きなリスクを背負うことになるが、相手側の責任も重大であることを男子にも自覚させる必要がある。

（2）性感染症に関する課題

　平成の前半は HIV ／エイズの蔓延が心配され、先進国で唯一増加の傾向にあると、性教育イコールエイズ予防教育の時期が続いた。薬害エイズの報道も多くあったが、近年、生徒がエイズという言葉にふれることも少なくなってきて、認知度も年々減少してきている。しかし、HIV 感染者の報告数は 2007 年以降、横ばいではあるが、最近の傾向として、異性間での感染や、20 代〜 30 代の HIV 感染者の増加傾向がみられるようになってきている。また、早期発見での治療法が進み、不治の病から病気とともにいかに社会で共生していくかが課題となり、偏見や差別のない周りの理解と支援が必要となってきている。

　2002 年、女子高校生のクラミジアの罹患率（りかんりつ）がピークとなり、その後は、女子高校生の性交経験率とともに罹患率も低下傾向にある。しかし、それにかわり、戦後に蔓延し、母子感染もある梅毒が 2010 年以降、急速に広まってきており、淋病等も含め新たな課題となっている。多くの性感染症は、感染しても自覚症状がほとんどないが、不妊症や流産・早産・死産の原因となることもある。

　2002（平成 14）年に出された学習指導要領保健体育・解説書に「性感染症の予防」で、「……感染の予防には性的接触をしないこと、コンドームの使用が有効であることにもふ

れるように……」と初めて記載された。今回の学習指導要領にも同様に記載されており、これらの性感染症を理解し、その予防法を身に付けることが大切である。

（3）情報化の進展に伴う課題

現在、インターネットやスマートフォンのない生活は考えられないほど、その使用については日常化してきている。現在の中学生は小学生の頃からネットやスマホが存在しており、大きなコミュニケーションツールとなっている。しかし、その使い方を十分に熟知していないことが原因で、被害が増えてきている。同時に加害者となる場合も起きている。ネットから流れる性情報は多量で興味本位につくられていたり、誤った情報もあり、学校では、性に対する正しい情報を知識として学ばせることが重要である。

ネットは情報収集だけでなく自らも発信することができ、ネット上の会話で親しくなり、相手の顔も見ることなく友人となり、出会い系的な被害を受けるケースが増えてきている。近年、SNSを介して被害にあう児童生徒が増加している。2012年SNSによる被害児童数は1076件であったが、2018年1811件、2019年2095件と急増している（警察庁「SNSなどに起因する事犯の被害児童数の推移」）。

ネットへの書き込みは、自由に発信することができるが、個人の写真や自撮り画像等々、一度ネットに載せたものは消すことができない。ネットの書き込みは簡単に見ることができるが、それは反面、見られていることでもある。しかし、生徒の多くは、他人の目にさらされている感覚はもっていない。生徒はネットやスマホの使用について多くを知らず、そのことで被害者になっている。書き込みや、ネット上のやり取りは、家庭内で行われていることが多い。また、被害者でありながら加害者をカバーしたり、被害にあっても大人には言わないことが多く、大人の知らないところで被害にあっている。被害児童でフィルタリングを利用していた割合はわずか1割程度で、そのうち9割が被害時に利用していなかった。買い与える時にはネットには危険がいっぱいあることを伝え、親子での使用ルールをつくることは大事なことである。

（4）性的マイノリティに関する課題

性的マイノリティ（LGBT）という言葉の認知度は、ここ数年で非常に高まってきており、現在、中学校でも性教育の現代的課題として取り上げられてきている。

性的（セクシュアリティ）マイノリティは「LGBT」と総称されているが、LGB（L：レズビアン、G：ゲイ、B：バイセクシュアル）は性的指向にかかわる概念で、T（トランスジェンダー）は性同一性にかかわる概念で性自認の問題である。人間の性は多様であり、すべての人が人として尊重されなければならないことが基本である。

最近は、SOGI（Sexual Orientation and Gender Identity：性的指向と性自認の頭文字）という言葉が使われるようになってきている。性的マイノリティやLGBTのように、ある特定の人たちを意味するのではなく、性的指向や性同一性はすべての人にかかわること

から、より広い概念、包括的にとらえる言葉として、国際会議で採択された（2006 年ジャカルタ、性的指向と性同一性に関わる国際人権法の適用に関する原則）。

2015（平成 27）年 4 月、通知「性同一性障害に係る児童生徒に対するきめ細かな対応の実施等について」が文部科学省から出され、その後、教職員向け Q ＆ A も出された。学校現場では、教師の対応や発言で傷つく生徒もおり、性的マイノリティの生徒に対する理解やその心情を受け止め、本人はもとより保護者の相談にも応じられるように教師自身の人権感覚を磨くことが求められている。日常の学校生活の中で、服装やトイレ、着替え、宿泊行事等々、様々な場面で生きづらさを感じている生徒への十分な配慮が必要である。

②学習指導要領における性教育の取り扱い

新たな学習指導要領（平成 29 年告示）では、「生きる力」を育むという目標を継続し、社会がどんなに変化し、困難な時代になっても、自ら課題をみつけ、自ら学び、自ら判断し、行動し、たくましく幸福な人生を歩んでいける生徒の育成をねらいとしている。性教育においても同様に、このねらいを達成できる生徒の育成を図っていかなければならない。

今回の改訂においては、特に「総則」の果たす役割が大きく、全体的な枠組みと考え方として、①社会に開かれた教育課程　②「生きる力」を育む資質・能力　③主体的・対話的で深い学び　④教科等の見方・考え方　⑤カリキュラム・マネジメント等が示されている。

①社会に開かれた教育課程・・・学校の在り方そのものを社会全体で問いなおす（略）

②『生きる力』を育む資質・能力・・・「何のために学ぶか・何ができるようになるか」

具体的に実際の社会や日常の生活で生きて働く「知識・技能」の習得、これから訪れる未知の状況にも対応できるような「思考力・判断力・表現力」、そして、学んだことを人生や社会に生かそうとする「学びに向かう力・人間性等の涵養」の 3 つの柱に基づいて再整理を図るよう提言がなされ、それらの力を各教科等で明確にし、バランスよく育成することとしている。

③「主体的・対話的で深い学び」を重視・・・「どのように学ぶか」

生徒の資質・能力を育成するための学びの過程は、生徒の実態や課題に応じて様々だが「主体的な学び」「対話的な学び」「深い学び」の 3 つの実現に向けて授業改善・充実を進める。具体的な取組として、生徒自らが興味や関心を高め、課題の解決に向けて取り組み、積極的に考察するとともに学習を振り返り、課題を修正したり、新たな課題を設定したりする主体的な学びや生徒同士の協働、他者との対話を通して、また、多様な先達の考え等を参考に自己の考えを広げ深める対話的学び、問題の解決に向けて試行錯誤を重ねながら、思考を深めていく深い学びがあげられる。

④教科等の見方・考え方

体育や保健の見方・考え方を働かせながら、運動や健康についての自他の課題を発見し、その合理的な解決のための活動の充実を図る。

⑤**カリキュラム・マネジメント（略）**

（なお、詳細については「中学校学習指導要領 解説 総則編」参照）

　学校で行われる教育活動はその根拠性が求められる。各教科等は学習指導要領及び解説書に基づいて行われているが、性教育については各教科、道徳科、特別活動の学習指導要領・解説書に散りばめられている性に関する内容を関連づけ、学校長の指導のもとに、カリキュラム・マネジメントを行い、年間指導計画を立て、教育課程を編成する必要がある。また、未知の社会を生き抜く生徒に必要な資質・能力等を社会全体で共有することが求められている。

　中学校学習指導要領 第 1 章 総則 第 1 の 2(3)に次のように示されている。

第 1 章 総則　第 1　中学校教育の基本と教育課程の役割　2　(3)

> 　学校における体育・健康に関する指導を、生徒の発達の段階を考慮して、学校の教育活動全体を通じて適切に行うことにより、健康で安全な生活と豊かなスポーツライフの実現を目指した教育の実現に努めること。特に、学校における食育の推進並びに体力の向上に関する指導、安全に関する指導及び心身の健康の保持増進に関する指導については、保健体育科、技術・家庭科及び特別活動の時間はもとより、各教科、道徳科及び総合的な学習の時間などにおいてもそれぞれの特質に応じて適切に行うよう努めること。
> （以下略）

　「性を含めた健康に関する指導は、生徒の実態や課題に応じて、教育活動全体を通じて各教科等において関連づけて指導すること」になっている。

　また、「心身の健康の保持増進に関する指導においては、情報化社会の進展により、様々な健康情報や性・薬物等に関する情報の入手が容易になっていることなどから、生徒が健康情報や性に関する情報等を正しく選択して行動できるようにする（以下略）」や集団指導と個別指導等、発達の段階を考慮しての指導の必要性についても示されている。

1. 教科

（1）保健体育・保健分野

　性教育に関する生物学的な具体的内容については、「中学校学習指導要領 解説 保健体育編」に示されており、そこでの学習が基礎・基本となっている。記載されている性に関する主な内容を抜粋整理すると、次の通りである。

> （1）健康な生活と疾病の予防　ア 知識
> 　(オ)感染症の予防　④エイズ及び性感染症の予防
> ＊疾病概念や感染経路について理解できるようにする。
> ＊感染のリスクを軽減する効果的な予防方法を身に付ける必要があることを理解で

きるようにする。

　　エイズの病原体はヒト免疫不全ウィルス（HIV）であり、その主な感染経路は性的接触であることから、感染を予防するには性的接触をしないこと、コンドームを使うことなどが有効であることにもふれるようにする。

（2）心身の機能の発達と心の健康　ア　知識及び技能

　（ア）身体機能の発達（器官が発育し機能が発達する時期、発育・発達の個人差）

　（イ）生殖に関わる機能の成熟（内分泌の働きによる生殖に関わる機能の成熟、成熟の変化に伴う適切な行動等）

　　思春期には、下垂体から分泌される性腺刺激ホルモンの働きにより生殖器の発育とともに生殖機能が発達し、男子では射精、女子では月経がみられ、妊娠が可能となることを理解できるようにする。また、身体的な成熟に伴う性的な発達に対応し、個人差はあるものの、性衝動が生じたり、異性への関心などが高まったりすることから、異性の尊重、性情報への対処など性に関する適切な態度や行動の選択が必要となることを理解できるようにする。

　（ウ）精神機能の発達と自己形成（略）

　（エ）欲求やストレスへの対処と心の健康（略）

　＊指導に当たっては、**発達の段階を踏まえること、学校全体で共通理解を図ること、保護者の理解を得ることなどに配慮することが大切である。**

「内容の取扱い」として

(1)……(1)のアの(オ)については3学年で取り扱うものとする

(7)……(2)のアの(イ)については、妊娠や出産が可能となるような成熟が始まるという観点から、受精・妊娠を取り扱うものとし、妊娠の経過は取り扱わないものとする。

　特に（2）アの(イ)「生殖に関わる機能の成熟」の指導は重要であり、例えば妊孕性の問題等においても、初経の起こりとその意味するところから、「閉経」があることにふれ、卵子の老化や妊娠可能な適齢を伝えることはできるはずである。

※中学校学習指導要領及び解説の解釈によると（平成20年1月17日一部改訂から）性教育に関する内容について次のように示されている。

　[性を含めた健康に関する指導は、生徒の実態や課題に応じて、教育活動全体を通して、指導することが望ましい。さらに、各校においては、生徒の実態に応じて、外部指導者を招聘して、学習指導要領に記載されている内容以外の内容についてもふれることはできるが、その際は、発達段階を考慮し、保護者の了解を得ること、学校全体での共通理解を図ること、生徒に学習の選択の場を与える等の配慮が必要である]

　したがって、いわゆる歯止め事項と言われる内容については、学校・地域・生徒の実態等々を考慮した指導内容を計画的に導入することは可能であるが、一方、中学校の集団指導の場においては、中央教育審議会（平成 17 年 7 月）「健やかな体を育む教育の在り方に関する専門部会」では次のように答申されており、中学校における性教育を進める上で、教職員同士の共通認識が必要であろう。

性教育として求められる内容について

　我が国では、性に関しては様々な価値観の相違があり、性教育についても様々な考え方があるが、学校における性教育として求められる内容は何かということについては共通理解を図って論議すべきであるという意見が出された。

　学校における性教育については、子どもたちは社会的責任を十分にはとれない存在であり、また、性感染症等を防ぐという観点からも、子どもたちの性行為については適切ではないという基本的スタンスに立って、指導内容を検討していくべきであるということでおおむね意見の一致を見た。（以下略）

（2）その他の教科

　保健分野以外の教科としては社会科：公民分野、理科：第二分野、家庭科：家族・家庭生活等々が直接、具体的な内容としてあげられる。その他の教科においても、例えば国語科では、作品を通して人の心情を理解したり、心に思ったことや感じたことをまとめ文や言葉でどのように表現し、相手へ伝えることができるかなどの表現力の育成など、間接的ではあるが、中学生期の生徒を育む要素がどの教科にもある。

2. 教科化された道徳

　教科化された道徳においては、「年間 35 時間、4 つの要素から 22 の題材をどの学年も実施する」ことになり、性教育に関する内容をより多く確実に授業で取り入れることができる。指導にあたっては、学級担任だけでなく学年集団として工夫をし、多様な授業展開が期待できる。A ～ D のすべての項目に「人の生き方」としての課題があるが、特に、

A　主として自分自身に関すること

　（2）【節度、節制】、（3）【個性の伸長】

B　主として人との関わりに関すること

　（8）【友情、信頼】、（9）【相互理解、寛容】

C　主として集団や社会との関わりに関すること

　（11）【公正、公平、社会正義】、（14）【家族愛、家族生活の充実】

D　主として生命や自然、崇高なものとの関わりに関すること

　（19）【生命の尊さ】

などで、生徒自らの問題として、多くを学ぶことができる(特別の教科 道徳編 解説参照)。

3. 特別活動［学級活動］

　学級活動の時間は、その内容として、⑴学級や学校における生活づくりへの参画、⑵日常の生活や学習への適応と自己の成長及び健康安全、⑶一人一人のキャリア形成と自己実現、があげられている。特に性教育の内容として重要な「⑵日常の生活や学習への適応と自己の成長及び健康安全」では、次のような内容項目がある。

ア　自他の個性の理解と尊重、よりよい人間関係の育成：自他の個性を理解して尊重し、互いのよさや可能性を発揮しながらよりよい集団生活を作ること

イ　男女相互の理解と協力：男女相互について理解するとともに、ともに協力尊重し合い、充実した生活づくりに参画すること

ウ　思春期の不安や悩みの解決、性的な発達への対応：心や体に関する正しい理解をもとに、適切な行動をとり、悩みや不安に向き合い乗り越えようとすること

エ　心身ともに健康で安全な生活態度や習慣の形成：節度ある生活を送るなど現在及び生涯にわたって、心身の健康を保持増進することや、事件や事故、災害から身を守り安全に行動すること　　　　　　　　　　　（詳細については、特別活動編 解説参照）

　学級活動では、生徒の主体的な授業の取組や、養護教諭や外部指導者の招聘による授業等、多様な授業展開を行うことで、自らの課題として受け止められるであろう。

　生徒の資質・能力を育成するための学びの過程は、生徒の実態や課題に応じて様々だが、「主体的・対話的で深い学び」の3つの実現に向けて授業改善・充実を図ることが重要である。そのためには、まず、性教育の課題に対して、興味・関心をもち自らの課題としてとらえられるような導入の工夫が大事である。道徳科や学級活動の授業展開では、グループワークを中心に、ケーススタディ、ブレインライティング、ロールプレイ等々、多様な学習形態の中で、課題に対して自らの考えをまとめ、文章や言葉で表現し、他者の様々な考え・意見を受容し、自らの考えを確信したり、修正したりして次への学びにつなげていくプロセスを重視していく学びが必要である。

　さらに、生徒の多様なニーズ、興味・関心を踏まえ、教材・教具、資料等の活用にも工夫が必要であり、ICT機器も含め教育環境の整備等を行うことが重要である。

　しかし、まず、基礎的・基本的な知識や技能の習得が前提で、様々な性に関する情報の入手が容易になっていることなどから、正しい情報の提供の上に、生徒が氾濫する情報の中から選択し、主体的に判断し行動が適切に行えるようにする指導が必要である。

　現場から「性教育をどこで、誰が行うのか、その位置づけを明確にすべきである」という意見をよく聞くが、道徳科や学級活動は担任や、学年集団で協力して行うことになっており、学年に所属するすべての教師がかかわる必要がある。また、指導内容について、現行の学習指導要領の記載内容は、生徒の実態、社会の急激な変化に伴って見直しが必要な部分もあると思われるが、まず、学習指導要領に則り、計画的な実践をすることが必要である。次ページに、教科等において性にかかわる内容の一覧を掲載する。

「中学校学習指導要領」の各解説から特に性教育に関係する内容

保健体育・保健分野			
第 1 学年	(2)	心身の健康の発達と心の健康	ア知識及び技能 　（ア）身体機能の発達 　（イ）生殖に関わる機能の成熟 　（ウ）精神機能の発達と自己形成 　（エ）欲求やストレスへの対処と心の健康 イ思考力、判断力、表現力等 　心身の機能の発達と心の健康について、課題を発見し、その解決に向けて施行し判断するとともに、それらを表現すること
第 3 学年	(1)	健康な生活と疾病の予防	ア知識（オ）感染症の予防　・病原体が主な原因となって発生する感染症　・発生源、発生経路、主体への対策による感染症の予防 イ思考力、判断力、表現力等 　健康な生活と疾病の予防について課題を発見し、その解決に向けて思考し判断するとともに、それらを表現すること

社会科・公民		
A 私たちと現代社会		(1)　私たちが生きる現代社会と文化の特色
B 私たちと経済		(2)　国民の生活と政府の役割
C 私たちと政治		(1)　人間の尊重と日本国憲法の基本的原則 　人間尊重についての考え方を基本的人権を中心に深め、法の意識を理解すること
D 私たちと国際社会の諸課題		(2)　よりよい社会生活を目指して

理科　第 2 分野		
第 1 学年		(1)　いろいろな生物とその共通点
第 2 学年	生命	(3)　生物の体のつくりと働き
第 3 学年		(5)　生命の連続性

技術・家庭科　家庭分野		
A 家族・家庭生活		(1)　自分の成長と家族・家庭生活 (2)　幼児の生活と家族

特別の教科　道徳		
A 主として自分自身に関すること		(2)【節度、節制】 (3)【個性の伸長】
B 主として人との関わりに関すること		(8)【友情、信頼】 (9)【相互理解、寛容】
C 主として集団や社会との関わりに関すること		(11)【公正、公平、社会正義】 (14)【家族愛、家庭生活の充実】
D 主として生命や自然、崇高なものとの関わりに関すること		(19)【生命の尊さ】

特別活動（学級活動）		
(2)　日常の生活や学習への適応と自己の成長及び健康安全		ア自他の個性の理解と尊重、よりよい人間関係の形成 イ男女相互の理解と協力 ウ思春期の不安や悩みの解決、性的な発達への対応 エ心身ともに健康で安全な生活態度や規律ある習慣の確立

総合的な学習の時間　⇒　各校の指導計画による		

③性教育の指導体制

　学校における性教育は、各学校の全教育活動を通じて実施されるため、学校としての指導体制が整えられなければならない。

　通常、学校はその種類や規模、教職員組織、学校や地域の実態などを考慮して、合理的・能率的な校務分掌機構を構築して、日々教育活動を実施しており、学校として改めて性教育を実施しようとする場合は、発達段階を重視し、性教育についての計画・実施・評価を繰り返し行って、常に性教育の改善を図っていくことができるような指導体制をつくり上げる必要がある。

（1）各学校の教育目標と性教育の目標との関連を図る

　学校全体で性教育に取り組むためには、各学校の教育目標と性教育の基本目標との関連を明らかにして、すべての教師が理解し認識を深めて、指導体制を整えるようにする。

（2）性教育の位置づけを明確にする

　現在の学校教育は、教育課程に基づいて実施する学習指導を中心とした教育活動（授業）と学校生活全体を通して行われる生徒指導と両面の教育作用が統合されて成立しており、学校における性教育はこのような教育作用の一つであって、授業としての性教育と生徒指導としての性教育の統合であると言える。

　これを具体的に言うとすれば、学校が選択・組織した性に関する内容を教育課程に位置づけて授業として扱うとともに、それを学校の全教育活動を通して実践する生徒指導によってさらに内面化を図ったり、日常生活での具体化を指導し援助していく活動であると言える。（教育作用）

　この場合、性に関する内容の教育課程への位置づけは次の通りである。

　①学習指導要領によって教科・道徳科の内容として示されている事項を、それぞれの教科や道徳科の授業において、性教育の目標やねらいに沿う形で発展的に行う。

　②教育課程に位置づけた授業で扱う内容を統合・進化し、生徒の内面で統一的にとらえることができるよう、特別活動や総合的な学習の時間に位置づけて実施する学習。

　③生徒指導として学校教育活動全体を通じて行う集団的・個別的な性に関する指導と支援及び性に関する個別相談活動。

（3）全校的な指導体制

　性教育を学校全体で取り組むためには、学校の校務分掌組織と統合した有機的な教職員の組織を設け（例：管理職・各学年１名、保健主任・養護教諭等）教職員それぞれの役割分担を明確にする必要がある。

　特にこれから組織的・計画的な性教育を実施しようとする学校や規模の大きな学校は、性教育の推進組織を構成し、校務分掌に位置づけることが重要である。しかし、組織としての位置づけが難しい学校でも、数人のグループで、まずやれるところから実践しながら、組織づくりをしていくことも一方策である。

(4) 性教育に関する校内研修

　公立学校の教員は単なる個々の教員の集合体ではなく、その学校における教員組織の一員としての有機的な存在であることから、学校の教育活動のすべてにわたってそうであるが、性教育についても、その目標や内容、方法等についてある程度の共通理解が必要である。特に性教育に関しては、教職員の間に多様な意識や価値観があったり、性教育に対して様々な見解がみられることや性教育に対する調査・実践の経験も異なるため、教職員の共通理解を図り、資質や指導力の向上を図るためには、校内研修の充実が重要である。

　また、研修計画や研修実施にあたり、担当者は性教育に関する情報が不可欠となる。そのため、担当者は学校外での研究会、研修会に積極的に参加し情報の収集を図り、研修記録を作成・保存するとともに、その情報を教職員間で共有することが大切である。

(5) 教材・資料の収集・保存

　各教科、道徳科では、教科書やそれに準じる図書など、言語による表現を内容とした主たる教材があり、それを媒体にして授業が行われている。これらの教材は生徒が自主的に内容を把握したり、学習した内容を確認したりするために極めて有効である。

　しかし、性教育の授業では、教科や道徳科の内容を学習する目的で作成した教科書によって性に関する内容を学習したり、教科書以外の教材が使用されたりする。

　学校における教科書以外の教材の使用については、地方教育行政の組織及び運営に関する法律によって「あらかじめ教育委員会に届け出させ、または教育委員会の承認を受けさせることとする定めを設けるものとする」とある。

　さらに「学校における補助教材の適切な取扱いについて」（文初小第 404 号・昭和 49 年。平成 27 年 3 月 4 日再通知）では、要約すると以下のように述べている。

　1　学校における補助教材の選択に当たっては、その内容が教育基本法、学校教育法、学習指導要領の趣旨に従い、かつ生徒の発達段階に即したものであるよう十分留意すること。

　2　教育委員会規則の定める補助教材の届出または承認に関する手続きの励行に留意するとともに補助教材の内容についても十分審査検討を加えることとある。このことに留意して、補助教材等の選択・届出が必要である。

④指導計画の作成

　学校における性教育の指導計画には、その学校の包括的な教育計画の一環として作成される性教育の全体計画、各教科、道徳科、特別活動、総合的な学習の時間等をカリキュラム・マネジメントをし、生徒指導の内容や指導の機会、方法、時期などを具体的に示す年間指導計画、1単位時間を基本とした主題ごとの指導計画等が考えられる。

（1）全体計画

　全体計画は、学校の教育目標のもとに策定された性教育の全体構想に基づいて、性教育の目標、目指す生徒像、各教科、道徳科、特別活動及び総合的な学習の時間などにおける性に関する指導を果たすべき役割を明確にした性教育の総合計画である。

　したがって、全体計画には次のような内容が示される必要がある。

　　①教育目標や指導の基本方針
　　②性教育の目標
　　③目指す生徒像
　　④各教科、道徳科、特別活動、総合的な学習の時間における性に関する内容のカリキュラム・マネジメントの作成と指導にあたっての方針
　　⑤その他の時間における性に関する内容と指導にあたっての方針
　　⑥生徒指導及び個別相談活動における性に関する内容と指導にあたっての方針
　　⑦家庭・地域との連携により実施する性教育に関する事項
　　⑧性教育の研究推進と各教職員の役割
　　⑨性教育を進めるための情報・環境等の整備に関すること

（2）年間指導計画

　年間指導計画は、学校における性教育の全体計画に基づいて各教科、道徳科、特別活動及び総合的な学習の時間において指導するねらい、内容、方法及び生徒指導や相談活動として指導するねらい、内容、方法等を具体的に示したものである。したがって、性教育を意図的・計画的に行うための基礎となるものである。

　年間指導計画作成上必要な事柄は、次のとおりである。
①各学年の基本方針
　全体計画に基づき各学年の性教育の基本方針を具体的に示したもの
②各学年の年間を通じての指導の概要
　　・主題（題材）名と主題（題材）設定の理由　　・指導の時間　　・指導のねらい
　　・指導展開の概要と指導方法等　　・教材教具及び参考資料

性教育の全体指導計画（各校作成用）

関係法規等	教育目標・基本方針	社会的背景・地域の要望

関係法規等
・日本国憲法
・教育基本法
・学校教育法
・学習指導要領
・設置団体の人施策・
　教育目標
・青少年健全育成条例等

性教育の目標

1 発達段階における性を理解し、自己の性を受容し、自他を尊重できる。
2 「人間尊重」「生命尊重」「男女平等の精神」に基づく、豊かな人間関係を築くことができる。
3 家庭や社会の一員として直面する性の諸課題を適切に判断し、対処する資質や能力を育てる。

生徒の実態

自校の性教育基本方針

目指す生徒像

各教科・道徳科・特別活動（総合的な学習の時間）における指導のねらい（関連）

各教科	道徳科	特別活動

※自校の教育目標・生徒や地域の実態等を踏まえ、自校の性教育の基本方針を定める。教科・道徳科・特別活動等での性教育の指導のねらいを明確にした上で、発達段階に応じた年間指導計画を作成する。

⑤性教育実施上の留意点

　保護者や教職員の人間の性に対する意識や性教育に関する理解や認識は多様であり、性教育の内容や方法も多岐にわたり、時代の変化や学問の進歩発達によって変化することもある。このため、学校が性教育を実施するためには、次のような事項について配慮する必要がある。

①学校が行う性教育の目標や内容・方法等について、教職員の共通理解を得るだけでなく保護者に対しても理解と協力を求める必要がある。

②わが国では、性教育に限らず教育用語について必ずしもその意味が共通に理解されないまま使用されている状況がみられる。特に新造語が次々に生じたり、外来語が使用されたりすることから、これらの用語について、その意味を確かめ合って使用する必要がある。

③人間の性は様々な学問分野で研究されている。このため性教育の内容の選択やその取扱いにあたっては、教育的に価値のあること、教職員、保護者・地域の人々の同意の得られる内容であること、生徒の発達段階に即した内容であることが必要である。

④生徒の身体的・精神的発達や性的成熟の個人差が大きく、情報化時代と言われる現在、性に関する情報の質や量にも差異がある。このため、これら個人差を配慮し、生徒の性教育に対する受容に応じた内容や方法を選択するとともに、生徒が自らの課題を解決しようとする学習にあたっては、そのための準備となる基礎的な情報を提供することが大切である。

⑤学校における性教育は各教科や道徳科、特別活動、総合的な学習の時間をもって編成された教育課程に位置づけられている。この場合、生徒はそれぞれの学習の場で、習得した性に関する内容を自分自身で統合することができなければならない。したがって、各教科等においては、学習の個別化が必要であるが、それでもすべての生徒を満足させることは困難である。各教科等においては、そのための配慮や工夫が必要である。

⑥集団指導においては、学習の個別化が必要であるが、それでもすべての生徒を満足させることは困難である。したがって性教育の具体的な実施にあたっては、集団指導と個別指導とによって相互に補完することが必要である。

　教育のすべての場について言えることであるが、特に性教育においては教師と生徒及び保護者との間の信頼関係が不可欠である。もし、性教育の授業を適切に行うことができれば、教師と生徒の信頼関係はより深まることになる。

⑦性教育の授業で補助教材を使用する場合には、教育委員会規則の定める届け出または承認に関する手続きの励行に留意するとともに補助教材の内容については、教育課程に準拠し、かつ次の要件を備えるものを選定する。

⑴内容が正確中正であること　⑵学習の進度に即応していること　⑶表現が正確適切であること

⑥家庭・地域との連携

(1) 家庭との連携

　子どもたちが生まれて成長する過程で、最初に経験する小さな社会は「家庭」であり、最初の人との出会いは、親（またはそれに代わる養育者）である。日々の生活の中で「家族」のふれあいは、一人の子どもの成長に大きな影響力をもっていることは言うまでもない。中学生になっても日々の家族とのかかわりや家庭の雰囲気、家庭の教育力（親の養育力）の影響は大きい。

　近年、家庭での親子、きょうだい等のかかわりが大きく変化してきている。特に家庭内での会話不足は課題である。子どもたちの中学校生活のベースになるのは、何と言っても家庭での生活であり、親子のかかわりである。様々なところでの調査報告にも家庭の雰囲気が良いと感じ、親子のコミュニケーションがあるという家庭の子は性的な接触（性交経験）が比較的遅いという報告もある。

　単に親子の仲が良いというだけでなく親と子のけじめがあり、親の願いが通じる関係ができているかどうかが課題であるが、それは乳幼児期からの親子関係がどうであったかが基本になっている。

　学校が責任をもってできることと、家庭（親）でなければできないことを理解し、家庭での役割を担ってもらうことが必要である。さらに保護者との連絡を密にし、日頃より信頼の関係を築き、率直に子どもの相談ができる関係をつくるとともに、学校で行う性教育についての理解と協力を得ることが大切である。

①学校で学ぶことを家庭に通知する

　各校においては、年間の指導計画が年度始めに家庭へ通知されていると思うが、特に「性教育」として扱う時には、「保健だより、学級・学年だより」等を通して学習の内容を家庭へ通知し、理解と協力を得る。また、最近、地域や生徒の実態により「学習指導要領」を越えた内容を外部指導者により指導することが認められてきているが、その際は家庭への通知はもちろんであるが、さらに学習を受けるか否かの選択も可能にし、興味・関心の個人差が大きい中学生期には十分に配慮が必要で、家庭の理解を得ることは不可欠である。また、通知をすることによって家庭での会話のきっかけをつくることもできる。

②保護者会・PTA 等の研修会において啓発活動を行う

　子どもたちのおかれている社会環境は急速に変化している。大人が知らない世界を子どもたちはたくさんもち、また、それがみえにくくなっている。親の育った時代と大きく変わってきており、特にスマートフォンや IT 機器の普及は、子どもの遊びや生活、友人・家族とのかかわり方を大きく変えてきている。

　性に関する子どもの意識・行動にも変化がみられるが、従来のエイズを含む性感染症に加え、梅毒の感染も増加してきている。横ばいではあるが 10 代の人工妊娠中絶の現状、

SNSのアクセス状況等について保護者自身が知見を深め、単に子どもに禁止事項を押しつけるだけではなく親として何ができるかなど、親自身が学ぶ必要があり、保護者会やPTA研修会等の場を提供することが大切である。

③家庭でなければできない教育を担ってもらう

　中学生になり、昼間の多くの時間を学校や塾、習いごと、友人との遊び等、外で過ごすことが多くなってきている。しかし、生活の基盤はあくまでも家庭であり、保護者の子どもへのかかわりは大変重要で家庭が子どもにとって心地よい「居場所」であること、親子のコミュニケーションが図れていることが、無謀な行動を抑制する原動力になっていることは疑いない。

　人としての基本的な規範や物事の価値観などは、幼児期からの家庭での教育によるところが大きい。また、保護者の愛情は何よりもかえがたく、学校教育の中では果たし得ないものがあり、その役割を担ってもらうよう、働きかけるのも学校の役割である。

(2) 地域保健・医療関係との連携

　最近、学校教育へ「地域の教育力」を積極的に取り入れようとする動きがある。

　そのためか、多くの学校が外部講師として専門家を招聘している。「性教育」においても産婦人科医、助産師、保健師、ピアエデュケーター等々、様々な分野の専門家が教育現場で指導にあたるようになってきた。

　一方、HIV感染者、エイズ患者の増加、クラミジア等の性感染症の10代女子への蔓延、減少しつつあるが10代の人工妊娠中絶の問題、初交経験の早期化、さらに「出会い系サイト」へのアクセス、インターネットからの情報過多などの社会的な性の健康問題の解決に向けて学校教育での指導の重要性を保健・医療関係者が指摘している。

①外部講師招聘の「ねらい」を明確にする。

　学校教育は「学習指導要領」に準拠して行われている。「学校における性教育」も同様である。

　特に「性教育」の場合は各教科のように「学習指導要領　解説」に指導の内容が明確に記載されていないだけに、外部講師を招聘するにあたっては、各校で性教育の年間指導計画を立て、どの場面で、何を話してもらうか、教師間の共通理解を図っておくことが重要である。

　最近、多様な性情報や生徒のおかれている環境等を受け、学校現場からも保健分野の学習指導要領解説にある歯止め事項と言われる「性交、避妊、出産、中絶」も中学生期に教えるべきであるという声を受け、専門家による指導を導入する学校も出てきている。

　しかし、保健・医療関係者に『何でもいいから話してほしい』と「丸投げ」することも少なくないようで、そのために専門性に走りすぎ、指導内容に発達段階や当該校の実態などへの配慮に欠けることもあり、内容が不適切な場合も起こっている。事前の打合せが不十分であったために指導が終わってから指導内容を知ることもあり、無責任な依頼のしか

たが問題となっている。

　招聘する外部講師には「学校における性教育」を理解してもらい指導計画に基づき、どのような専門的な力を借りるのか、依頼の「ねらい」を明確に伝え、指導内容についても打合せを確実に行うことが大切である。その際、対象の生徒や学級・学年の状況、これまでの性教育の取組なども的確に伝える。

　依頼の仲介にあたる教師（多くは養護教諭）の役割が重要で、あくまでも学校がイニシアティブを取り、学校長の承認のもとに進めることが必要である。また、学校は講師の話のみに終わらせずに、必ず前後の指導を行い、外部講師の話が有効に活かされるように、計画的に行うべきである。

②地域保健・医療機関との連携

　中学校の段階では性的な問題で保健所や医療機関を訪れることは、そう多くはないが、今後、体のことで心配なことが起こったり、相談したいときにどこに行けばよいのか、どのような相談機関があるのかを知っていることが感染症等の早期発見につながる。

　最近は、10代の性感染症や妊娠の場面に接し、積極的に子どもたちの「心身の治療」にあたっている医療機関もあり、そこには教師の知らない現実がある。現在のように子どもたちの抱える性的な問題が多様化してくると学校だけで解決することは困難であり、それぞれの専門機関と役割を明確にしていく中で連携を図っていかなければならない。

　地域での保健行事等へ積極的な参加を促すことも学校の役割の一つであり、同時に学校では対応しきれない多様な課題、また、教師には相談しにくい悩みも生徒は抱えており、地域保健・医療の在り方として「地域における性教育」への取組にも期待したい。

⑦中学校の性教育の今後に向けて

　中学生を取り巻く性にかかわる社会環境の変化や性情報の氾濫、生徒の実態、さらに性教育の目的の達成を考えると、中学校での性教育の実践は喫緊の課題である。しかし、必ず実施すべき授業としての位置づけが曖昧なために保健体育の教師以外で「性教育」を行わなければならないと認識している教師は少ないのが現状である。今回の学習指導要領においても、総則や教科化された道徳、特別活動（学級活動の内容）にも明確に学ばせる内容として記載されており、学校長のリーダーシップのもとに、教育活動全体で全教師による計画的な実践が望まれる。

　中学校での性教育の実践を行うために必要なことを改めてまとめてみると、次の点があげられる。

○ 性教育で何を学んでほしいか（育てたい資質・能力）を明確にする。

○「人間の性」や「学校における性教育」の概念・目的の共通理解を図る。

○ 学習指導要領 解説（含 道徳 特別活動）を読み、記載されている内容を確実に実施する。

○ 学校としての性教育の全体計画・年間指導計画を作成し教育課程へ位置づける。

○ 自校生徒の実態把握や現代的課題（新しい情報の収集）への対応を図っていく。

　学校現場の実情を考えると、「これらをすべて整えないと実践できない……」となると、おそらくいつまでも実践は難しい。そこでまず、できるところから取り組んではどうであろう。校内研修のテーマに「性教育」を取り上げ、「学校における性教育」の概念を共通理解した上で、自校生徒の実態を把握して、全教師が共通に取り組む道徳科や学級活動の内容から、学年での共通のテーマを設定して実践してみることである。そのためには核となる性教育担当のリーダーが必要であり、リーダーを中心に研修を深め実践することにより、生徒とのかかわりに新たな発見があるはずである。

　以下は、全校で取り組んできた教師の声である。

　「担任が、『性教育』の指導をすることは大変であるが、生徒の反応から授業の効果や必要性を肯定的にとらえるようになってきた」「生徒との距離が近くなった」「担任が実施することで、性教育と道徳のつながりを感じた」等、教師の真剣な姿勢から、生徒自身も「性」について真剣に考えるようになり、「大人に成長している自分たちが、これからどのようになるのか、異性とはどのようにかかわっていくべきかなど大切なことが分かった（生徒の感想）」等「人の生き方」を考えさせ、「人」を育てる重要な場となっていることが分かる。

　性教育に求められる「発達段階に応じた指導」は、小学校から中学校、さらに高等学校での性に関する指導をトータルして考えていく必要がある。そして、それぞれに「発達課題」があり、また、教育の適時性もある。中学校で教師が学ばせるべき内容と専門性のある外部講師に依頼する内容とを明確にし、一人一人の教師はその役割を果たしてほしい。そのためにこの実践事例を活用されることを願っている。

　性教育の授業は、夢や希望にあふれた楽しい授業でありたい。「人の生き方」を学ぶことであれば、その人生は明るく洋々と開けたものでなければならない。性教育の時間が待ち遠しくなるような興味・関心のもてる授業の実践を期待したい。

第**3**章

指導事例

各学年における指導計画と指導の流れ

　第2章①の3.中学校における性教育の現状（21ページ）でも述べたように、教師の性教育に対する意識・認識の低さ、行き過ぎた性教育に対する批判などのため、組織的・計画的な性教育が実践されている中学校は少ないのが現状である。そこで、このような現状を踏まえて、どの学校でも実施可能でしかも必要最低限と思われる内容をまとまりのあるものとして例示したのが、この「指導計画」である。

　指導計画を作成するにあたって考慮したことは次のとおりである。

⑴学校における性教育の次の3つの基本目標を達成できるものであること。

　①それぞれの特徴的な心身機能の発達を知り、自己の性について理解を深める。（自己の性自認）

　②人間尊重・男女平等の精神に基づく、同性や異性との豊かな人間関係を築くことができる。（豊かな人間関係）

　③家庭や社会の一員として、現在及び将来の生活において、同性や異性との人間関係において、性にかかわる適切な意思決定や行動選択ができる資質や能力を養う。（家庭や社会の一員として）

⑵内容として知識・理解に関するものは必要最低限にとどめ、人としての「生き方」や人間関係、男女関係にかかわるものを各学年で繰り返し取り上げるようにした。

⑶性教育に関する総授業時数を考慮し、特に道徳と学級活動では各学年で4単位時間以内に抑えるようにした。

　指導計画の構造は、学習指導要領に示された指導の時期や順序に従い、相互の関連性を考慮して、3つの基本目標ごとに示した。それぞれの内容の関連は、望ましい順序性を矢印で示し、全体として一つのまとまりのある計画になるようにつくられている。

　ここで示した指導計画は、第1学年で学級活動3時間、道徳科2時間、保健体育2時間、家庭科1時間の合計8時間、第2学年で学級活動3時間、道徳科3時間の合計6時間、第3学年で学級活動2時間、社会科2時間、理科1時間、保健体育1時間の合計6時間、総計20時間からなっている。したがって、この指導計画には担任以外に社会科担当、理科担当、保健体育科担当、家庭科担当の少なくとも4教科の担当教員がかかわることになる。

　なお、ここに示す指導事例は、主に集団の場面で必要な指導内容の抜粋であり、生徒が学習内容を適切に理解し、行動することができるようにするためには、各学校でカリキュラム・マネジメントの視点に立ち、生徒の発達段階に即して教科等横断的な性教育の全体計画や指導計画を作成することが大切である。特に、一人一人が抱える課題に個別に対応する指導内容との区別を明確にし、学校の教育活動全体で共通理解を図り、家庭の理解を得ることに配慮するとともに、関連する教科等において、組織的・計画的に指導することが重要である。

（1）中学校1学年　　指導項目と主題名

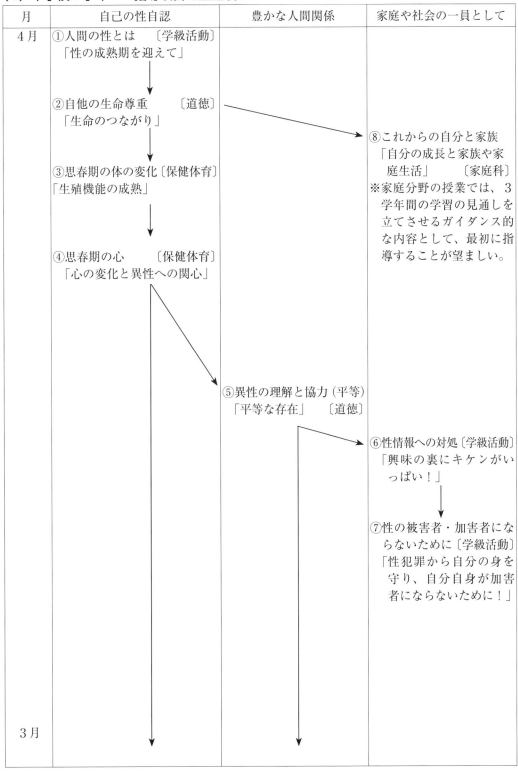

月	自己の性自認	豊かな人間関係	家庭や社会の一員として
4月	①人間の性とは　〔学級活動〕「性の成熟期を迎えて」 ②自他の生命尊重　〔道徳〕「生命のつながり」 ③思春期の体の変化〔保健体育〕「生殖機能の成熟」 ④思春期の心　〔保健体育〕「心の変化と異性への関心」	⑤異性の理解と協力（平等）「平等な存在」　〔道徳〕	⑧これからの自分と家族「自分の成長と家族や家庭生活」　〔家庭科〕※家庭分野の授業では、3学年間の学習の見通しを立てさせるガイダンス的な内容として、最初に指導することが望ましい。 ⑥性情報への対処〔学級活動〕「興味の裏にキケンがいっぱい！」 ⑦性の被害者・加害者にならないために〔学級活動〕「性犯罪から自分の身を守り、自分自身が加害者にならないために！」
3月			

〔2〕中学校第２学年　指導項目と主題名

月	自己の性自認	豊かな人間関係	家庭や社会の一員として
４月			⑨性情報と社会環境 〔学級活動〕 「危ないよ！その情報メール」
	⑩性の悩みへの対処〔学級活動〕 「私って、他の人と違っている？」		
	⑪自己の性の受容　　〔道徳〕 「自分はどんな人間？ ─ 男子のよいところ・女子のよいところ ─ 」		
		⑫人間関係スキルの育成 〔学級活動〕 「こんなときどうする？」	
		⑬異性の理解と協力（関心） 「アイツと俺」　〔道徳〕	
		⑭多様な性　　　〔道徳〕 「多様な性について考えよう」	
３月			

（3）中学校第3学年　　指導項目と主題名

月	自己の性自認	豊かな人間関係	家庭や社会の一員として
4月			⑯現代社会と私たちの生活〔社会〕「情報化が進む現代と性情報」 ⑰能力や適性と職業〔学級活動〕「確認してみよう！自分の性役割認識」 ⑲人権の尊重と性感染症(エイズ)〔社会〕「性感染症者への内なる偏見の気づきと社会生活での基本的人権の尊重」 ※感染症について ⑳エイズと性感染症予防〔保健体育〕「エイズ、性感染症ってどんな病気？」
	⑮生物の細胞と生殖〔理科〕「動物はどのようにしてふえるのか」	⑱異性の理解と協力（かかわり）〔学級活動〕「ある少女の悩み」	
3月			

中学校 1 年生

①人間の性とは

学級活動

❶ **主 題 名**

「性の成熟期を迎えて」

❷ **主題について**

　思春期は、二次性徴の発来とともに始まる。性ホルモンによって引き起こされる心と体の急激な変化によって思春期の生徒は、性に興味を抱くようになり、他の人に性的関心をもつようになる。そしてこの時期の身体的成熟は、二つの変化を生徒にもたらす。その一つは、成熟の発現による男女間の身体の性差が明確になることであり、他の一つは、二次性徴の発現は、男女とも個人差が大きいということである。そのため、この二つの差異をいかに受け止めていくかがこの時期の心理的な課題となる。また、無意識にもっている性役割の価値意識と絡まり合い、自分自身の性の在り方を受容をすることは、生徒にとって難しい側面もある。

　性の受容は自己の生き方を考える上での土台となり、自我の確立にとって重要である。この時期には肯定的な自己評価をもたせることが、性差を理解しながら他者との関係性をつくっていく上でも大切になってくる。これらの課題から、今後、学ぶべき性にかかわる授業が「生殖の性」「快楽の性」だけでなく、社会の中で生きていくための基盤になることを理解させるとともに、学びへの見通しをもたせるためにこの主題を設定した。

❸ **本時のねらい**

　①人間にとっての性の意味づけについて考える。

　②男と女をはじめとする多様な性をもつ人々の協力によって社会が成り立っていることを確認し、性の学びについての意欲を高める。

　③性について学ぶことの大切さを自覚させ、アイデンティティを確立して自立した大人となって社会を構成するよう、今後の学習の見通しをもたせる。

❹ **他の学年・教科・領域との関連**

　今後に続く性教育の指導事例②道徳「自他の生命尊重」、指導事例③保健体育「思春期の体の変化」、指導事例④保健体育「思春期の心」の学習の導入だけでなく、中学校3年間の性の学びにかかわってくるものとして、本時においては、"人間の性の成熟"の意味づけを人間の生き方の視点から扱う。

❺ **教材・教具**

　・資料①思春期という言葉　・資料②「性」という言葉の意味　・資料③性に関する知

識チェックプリント　・資料④二つの性があるわけ　・資料⑤思春期の発達課題
・資料⑥思春期ワークシート

❻　評価・評価資料

①評価

・誕生から思春期を迎え、さらに大人へと成長していく過程を理解できる。

・人間の性の意味や自己の生き方について関心をもち、意欲的に課題に取り組もうとしている。

②評価資料　ワークシート、観察

❼　指導案

	学習内容・活動	教師のはたらきかけ	評価・評価資料等
導入 5分	○「性の成熟期を迎えて」の授業の内容を知る。	○「性の成熟期を迎えて」と板書する。 ○赤ちゃんの頃の写真を黒板に貼る。 （担任や一部の生徒）「みんなここからスタートしたね。これから自分は、どんなふうに成長して、どんな大人になっていくのでしょう。いま思春期と言われている自分のことをどう理解していけばいいのかを考えていきたいと思います」	
展開 35分	○ワークシートのタイム・ラインで今の自分の位置を確認する。	○ワークシート（資料⑥）配付 ○黒板にワークシートのように一本の横線を引く。「これが自分自身の人生の長さだとします。さて自分は、今どこの位置にいるのでしょうか？」と発問し、自分の位置を確認した後、	
	○思春期ワークシートのタイム・ラインの年齢と項目とを線で結ぶ。自分の未来をイメージしてみる。 ○タイム・ラインをどう引いたか男女数人が発表する。	○「これからどんな人生を送っていくのか、ちょっとイメージしてみたいと思います。未来へのタイム・ラインの項目と年齢の線をつないでください。項目で自分に関係ないものは線を結ばなくてけっこうです。さてどんな一生かな？」と問いかけ作業に入る。 ○線を引いた後、数人にどんなふうに線を引いたか聞く。タイムラインの上下に男女別に項目を板書する。	自己の性や生き方について関心をもち意欲的に取り組んでいる。 ※観察、ワークシート

	○男女のタイム・ラインの差と項目の集中時期があるか確認する。 ・自分は何を意識して線を引いたか、自分の中にある意識を認識する。	○男女のタイム・ラインに差はあるのか、項目はどこに集中しているか考えさせる。 ・出産、職業名など、どんな意識で書いたか自分の意識を考えさせる。 ・自分の考えを書き出し、それをもとにグループで話し合う。	自己のタイムラインを考えてまとめ、仲間の意見を聞き、発表できる。
展 開 35 分	○近くの生徒4人程度でどんなことを考えてタイム・ラインの線を引いたか意見を述べ合い発表する。 ・生き方は様々であり、性と深くかかわっていることを知る。	○グループを回り、気軽に話し合えるよう支援する。 ○どんな意見が出たか数人に聞く。 ・自分の性をどうとらえるかで未来の自分のイメージや生き方にも差が出てくることに気づかせる。	自分で考えたことを積極的に発表する。
	○性とは何か、なぜ人間は二つの性なのか考える。	○自分の性を肯定的にとらえるように、科学的に認識させるようにする。「自分たちは多くの場合、男か女のいずれかの性に属していますが、なぜこの二つの性なのでしょう？」と、自ら考えるように発問する。何人かから考えを聞く。	性の意味について意欲的に考えている。 ※観察 「多様な性」があることにも、少しふれ、ここでは男女の性について、考えていくことを伝える。
	○資料で性の意味を科学的に理解する。 ・性について、知らないことが多いことに気づき、学ぶ必要性を感じる。	○資料①②④を配付する。 ・性の言葉の意味を確認し、性の存在は、実はなぞであること、生命をつなげていくためにあるようだと話す。男女の両性があって「種の保存」ができ社会が成立・発展している側面があることを確認する。 ・3年理科「無性生殖と有性生殖の特徴」で学ぶこともふれておく。	
ま と め 10 分	○発達課題を確認する。 ・心身ともに個人差があるこの時期を乗り越え成長していくために学習をすることを確認する。 ○ワークシートに感想を記入する。	○資料⑤を説明しながら、生きることと性との関係、そしてこの10年の間にある課題を乗り越えていくために学習していく内容を確認させる。	

❽　授業を進める上での留意点

①最初の授業となるので「性」の言葉の意味を教師自身がしっかりととらえ直しておくことが大切になる。

　　授業者自身の中にある性意識は、言葉の端々から相手に伝わるため、科学的な視点で授業が展開できるように、いやらしさや恥ずかしさを払拭し、自己の中にある性に対する意識と向き合って、性という言葉を再度咀嚼（そしゃく）してみる。

②性といえばエッチなこと、男女のことと、性のもつ意味を狭く考えている生徒が多い。人間の性は身体的、精神的、社会的な面など、多様であることに気づかせる。

③固定的な性役割の強化にならないようにする。また、固定的な男女の性役割意識がある生徒に対して疑問をもたせられるエピソード例を話す。

　　例えば、子育てするのはみなメスなのかなどの自然界での話をネタとするなど。

④生徒が発言した理由などに対して、教師の方からマイナス評価は与えない。次から本音を語らなくなる。

　　また、"個人に対して批判的な言動はしないこと"と最初からルール決めをしておくとよい。

⑤中学1年の段階では、性の多様性（男女二つの性以外の性）の在り方についてはふれないが、やがて学んでいくことも伝える。

❾　資料

資料① 思春期という言葉

●日本語における思春期の「春」は、性を表現している。もともと春は、新たに芽が出る時期で新たな命を連想させる。それが生殖をイメージさせる言葉へとつながっていった。

●思春期は英語ではおおよそ puberty という言葉に相当する。puberty という語は恥毛（pubes）に由来する言葉である。これからも分かるように、思春期は二次性徴の到来とともに始まる。

資料②「性」という言葉の意味

　　性は、

　　①生まれつき

　　②物事の性質・傾向

　　③（Sex）男と女、また雄と雌との区別

　　④（Gender）西洋文法における名詞・代名詞などの性質の一つと分類されている。「生まれつき」、自然、性質、性格という意味がある言葉である。性＝セックス＝性交ととらえてしまう人がいるが、もともとの意味ではない。

資料③　性に関する知識チェックプリント

※次の質問に〇か×で答えてください。

1. 思春期の"春"の意味は、"性"である。	（　　　）
2. 一次性徴とは、生殖器官（内性器も含む）のことである。	（　　　）
3. 二次性徴とは、男・女の形態的特徴と言われるからだの変化のことである。	（　　　）
4. 胎児は、お母さんの胎内で地球上の生き物の進化の過程をたどって成長する。	（　　　）
5. たまご（卵子）は、はじめはみんなメスである。	（　　　）
6. オス・メスの2つの性がある本当の理由は、まだ分かっていない。	（　　　）
7. 性衝動をコントロールするのは人間の脳である。	（　　　）

答え　すべて〇

資料④　二つの性があるわけ

なぜオスとメスの二つの性があるのか

　実は、オスとメスの二つの性の存在は、現代の生物学の中においてもなぞとされている。なぜなら、この二つの性がなくても繁殖できてしまう生物が存在しているからである。

　そのため最初は「性」というものは存在せずに、何らかの原因があって「性」が出現したと考えられている。

　生物は自ら子をつくることで繁殖する。繁殖は、すべての生命にみられる。生物は、生活様式に応じて様々な方法で繁殖するが、一般には無性生殖と有性生殖の二つの生殖方法で繁殖する。

　「無性生殖」は、「性」なしでの繁殖をするもので、親のからだの一部が分かれて成長する。そのために、遺伝的に子は親と全く同じである。

　大腸菌、コレラ菌などの細菌やプラナリア、ヒトデ、イソギンチャクなどの動物にみられる。

　「有性生殖」は、「性」があって繁殖していくもので、オスとメスが互いに相手をみつけて遺伝物質を交換して繁殖を行う方法である。

　有性生殖の原始的な形としては、ゾウリムシの接合などがある。

　原始的な生物に性というものが出現したのは、およそ15億年前と言われている。性が出現した理由は、より環境の変化に適応し生き残るためだと考えられている。

　原始の海で二つの生命が助け合い、生き残るために一つに結ばれる。そして2組のDNAをより合わせ、遺伝子を組み換えることにより、病原菌の攻撃さえ免れうる豊かな多様性を生む。その多様性によって、生命はよりその場の環境の変化に適応した子孫を生み出す。その結果が、連続した生命の存在となる。

　単純なシステムは壊れやすいとされており、人間も生態系の中で生きていくために、生物の多様性を残しているのである。そうしないと、人類自身が絶滅する懸念もあるのである。

資料⑤　思春期の発達課題

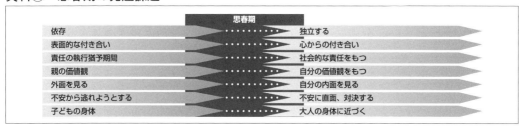

資料⑥　思春期ワークシート

組　　番　氏名

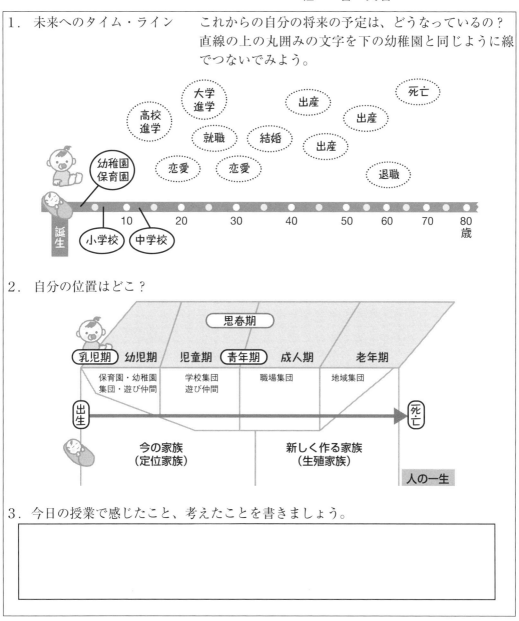

1. 未来へのタイム・ライン　これからの自分の将来の予定は、どうなっているの？
直線の上の丸囲みの文字を下の幼稚園と同じように線でつないでみよう。

2. 自分の位置はどこ？

3. 今日の授業で感じたこと、考えたことを書きましょう。

②自他の生命尊重

道徳

❶ 主 題 名

「生命のつながり」

❷ 主題について

　生命は、かけがえのない大切なものであり、自他の生命を尊ぶためには、まず自己の生命の尊厳、尊さを深く考えることが必要となってくる。

　自らの生命は自分一人だけのものではないというつながり（生命の連続性）、今の自分が存在することの不思議・奇跡（生命の偶然性）、今ある生命をよりいっそう輝かせることの喜び（生命の有限性）を実感することにより、自己以外のかけがえのない生命をも同様に尊ぶという人間の感情をしっかりと胸に刻み込みたい。そして、生命尊重は、性教育の基本的なねらいであり、これから学習する内容の基礎になる大切な考え方である。

　思春期にかかる中学生の発達の段階においては、大きく、激しい心の揺れを経験しながら、自己を確立していく大切な時期にある。小学校において、各学年の発達の段階に応じて、生命を大切にすること、生命の尊さを理解すること、生命は多くの生命のつながりのもとに新たに誕生し、かけがえのないものであることを学んでいる。そのことを考慮しながら、中学校に入学して間もないこの時期において、小学校段階からの生命のかけがえのなさについての理解を一層深めるとともに、社会的関係性や自然界における他の生命との関係性などの側面からも、より多面的・多角的にとらえ、考えさせ、生命の尊さを理解できるようにすることが大切である。

　まず自己の生命の尊厳、尊さを深く考えることで、生きていることのありがたさに深く思いを寄せ、自己以外のあらゆる生命の尊さへの理解につながるようにするために、この主題を設定した。

❸ 本時のねらい

　限りある生命が誕生し、尽きるまで、すべての生命はかけがえのない大切な一瞬一瞬を過ごし続けているということを理解し、自他の生命を尊重する態度を身に付けさせたい。

①自分がこの世に誕生したことの喜びとその価値に気づく。

②今ある生命は自分一人のものではなく、ずっと受け継がれ、次に連続していかなければならないという使命をもっていることを深く自覚させる。

③かけがえのない生命を愛おしみ、自らも多くの生命によって生かされていることを受け止める。

❹　他の学年・教科・領域との関連

・理科（第二分野）

　　第 1 学年「いろいろな生物とその共通点」、第 2 学年「生物の体のつくりと働き」、第 3 学年「生命の連続性」、を学ぶ際に、本時の内容を振り返り、植物や動物がどのようにして仲間を増やすのかについて学んだり、過去から現在へ、そして未来へと連綿と受け継がれている生命について考えを深める。

・保健体育（保健分野）

　　第 1 学年「心身の機能の発達と心の健康」における授業で、生殖にかかわる機能の発達を学び、成熟の時期や変化には個人差があることや生命の有限性、連続性、偶然性についてふれ、自他の生命を尊重する態度を養う。また、性情報への対処、適切な判断と行動選択が大切であることを理解する。

・特別活動（学級活動）

　　全学年を通して「心身ともに健康で安全な生活態度や習慣の形成」を題材に進める際に、「自他の個性の尊重と理解」「より良い人間関係の形成」「男女相互の理解と協力」「思春期の不安や悩みの解決」「性的な発達への対応」等の授業で性教育の基本的な考え方として、『生命尊重』があることを理解させる。

❺　教材・教具

・資料①事前アンケート　　・資料②まとめシート

・補助資料①②文部科学省「私たちの道徳」

❻　指導案

	学習内容・活動	教師のはたらきかけ	評価・評価資料等
導入 5 分	○今日の授業の内容を知る。 ○資料を受け取り、班ごとの座席に移動する。 グループ編成は、4 名前後の少人数が望ましい。（日頃からコミュニケーションの取りやすい生活班を利用）	○本日の授業は、各自が生命について、他の意見も聞きながら相互に話し合い、生命（尊重）の大切さについての考えを深めていくことがねらいであることを知らせる。 ○資料①「事前アンケート」を本人に返却し、グループごとの席づくりを指示する。 事前アンケートは、帰りの短学級活動の時間を利用し記入させ、回収し、集計し回答の傾向や特徴的な意見を確認しておく。導入として代表的な内容を紹介するのもよい。	・「私たちの道徳」学校により、道徳補助教材が違う場合は、補助資料①②（「私たちの道徳」抜粋）を準備する。 ・資料①事前アンケート（事前に生徒自身が記入済み） ※記入時に、設問のすべてに回答を強要しないことや、すべての生命（人・動植物等）について対象であることにふれる。

展開30分	○各グループで、意見交換の具体的な進行方法やルールを確認する。 ○意見交換を始める。 ・他者の意見や発表を真剣に聞く。 ・自分の経験や意見を分かりやすくまとめ、はっきりと述べる。 ○グループ内で発表された内容について、お互いに意見を交換する。 ○他者の意見・発表を聞いて、印象に残った内容をまとめのシートに記入する。 ○補助資料①②の音読を聞く。	○資料②「まとめシート」を配付し、各グループ内の意見交換の進め方・ルールについて説明する。 ○特に、他者の意見を最後まで聞くことについて強調する。 ○意見発表の順番はグループ内で決めさせ、事前アンケートに記入した内容から、生徒自身がどの設問について発表するかも自由とし、生徒自身が主体的に内容を決め、発表ができるように配慮が必要である。 ○各自が意見を述べる際は、最初に「偶然性」「連続性」「有限性」のうち、いずれに関連しているのかを述べさせるようにアドバイスする。 ※社会が少子化・核家族化の傾向にあり、家族構成や生活環境が多様であることから、基本的にはグループ内での質疑応答で進めることになるが、他者の経験してきたことが理解できない生徒がいたり、自分自身が家族での経験を述べることに戸惑いを感じたりする生徒もいることを考慮する必要がある。 ○他者の意見・発表を聞き、自分の意見をまとめてシートに記入することで、生命の尊さについて自分の考えを深めることを示唆する。 ○補助資料①②を配付し、音読の上手な生徒に代表で読ませる。あるいは、教師自らが情感を込めて音読し、生徒は目と耳から受け止めるようにさせる。	・資料②まとめシート ●話し合いのルール例 ・全員が1回は自分の意見を発表する。 ・他の人の意見は最後まで聞く ・自分の意見はまとめてはっきり発表する ・自分の考えを押し付けない 等 他者の発表をしっかり聞いている。 他者の役割の経験や意見を自分のこととしてとらえ、自分の考えを伝え、話し合いに参加している。 他者の意見をまとめシートにメモしている。 補助資料①②
まとめ30分	○まとめシートの各設問に対して、自分の考えをまとめる。	○記入内容は、自分自身の感じたままを正直に記入するように指示する。 ※多様な考え方があることにふれ、あくまでも「生命の尊重」の大切さ」の観点から、自分が一番強く感じたことを書くことが大切である。	まとめシートに他者や自分の意見を簡潔にまとめ、記入ができる。

❼　授業を進める上での留意点

①内容項目において、押さえるべき指導項目は一つではない。学習指導要領解説には、「生命の尊さについて、その連続性や有限性なども含めて理解し、かけがえのない生命を尊重すること」と書かれている。用意された教材「生命を考える」は、生徒に様々な視点（偶然性・有限性・連続性、他事例・コラム等）から生命の尊さについて考えさせ生命がかけがえのない大切なものであると気づかせることをねらいとしている。

②「生命の尊さ」についての授業が年間に一度しか計画されていない場合、内容項目を不用意に変更することで、「生命の尊さ」を全く扱わずに当該学年が終わってしまう事態が生じる危険性がある。年間を通じて配当された各内容項目の時数に留意する必要がある。

③主たる教材として教科用図書を使用することは言うまでもないが、道徳教育の特性に鑑みれば、各地域に根差した地域教材・統計資料・自作資料等を準備し、多様な教材を資料として活用することも大切である。

❽ 資料

資料① 事前アンケート

年　　組　名前

1. あなたは、これまでに「生命って、何だろう？」と、考えたことがありますか？
    ①ある　　　②あると思うけれどはっきりしない　　　③ない
    　上記で①と答えた人にお聞きします。

それは、アどんな時ですか？	ア
イどんな内容ですか？	イ

   その時、疑問に思ったり、誰かに聞いてみたい内容があったりしたら書いてください。

2. あなたの身近には、どんな「生命」がありますか？

3. 「生命って、すごい！」と思ったことがありますか？

4. あなたの「生命」はどのような人・ことがらによって支えられて（守られて）いると思いますか？

5. 自分にとって身近な人や生き物が亡くなり、悲しい思いをしたことがありますか？
    ①ある　　②　ない
    　①と答えた人は、その時の気持ちで記入できることがあれば書いてください。

※アンケートの内容項目については、集計結果が他の教科や学級活動等の授業でも活用できるように、全教員で内容の検討をすることも大切である。

資料②　まとめシート

年　　組　名前

　事前アンケート集計（抜粋）を参考にして、自分の考えやグループで話し合った内容をまとめよう。

印象に残ったグループ内での意見	自分の考え・まとめ（「私たちの道徳ページ」）
【偶然性】（今ここにいることの不思議・生きていることのありがたさ）　　　　（P99）	
【有限性】（自分の生命にもいつか終わりがあること）　　　　（P100）	
【連続性】（ずっとつながっている・私が受け取ったもの・「生命」のタスキ）　　　　（P101）	
●自分のこれまでの生活を振り返って、生命のかけがえのなさについて感じたことを書いてみよう。　　　　（P103）	
●自分の生命、他人の生命、生きとし生けるもの（あらゆる生物）の生命の尊さについて考えたことをまとめよう。　　　　（P105）	

3　生命を輝かせて

『生命を考える』

今、自分がここに生きていることの偶然性。
誰もがいつか必ず死を迎えるという有限性。
そして
先祖から受け継ぎ、子孫へ受け渡していく連続性。
さらに、自分は他の誰でもない、
唯一無二の存在であること。
私たち人間ばかりでなく、
生きとし生けるもの全てに
思いをはせてみる。
考えてみよう、
生命とは何なのかということを。

偶然性　　今ここにいる不思議

地球の永い永い歴史を考え
人類の誕生を考え
そして今ここにいる自分を考えてみる。
こうやって生きていること
存在していることが
何か不思議に思えてくる。
私の周りに

いつもの笑顔、いつもの声。
でも、この人たちとの出会いも
今、ここに生命を授かっているからこそ。
星の数ほどの偶然があって
私が、今ここにいることの不思議。
生きていることの有り難さ。

有限性　　いつか終わりがあること

大切な人を亡くしたことがありますか。
自分の生命にも
いつか終わりがやってくる。
一度しかない
この生命の証を
自分はこの世に

どのように刻んでいけばよいのだろう。
もっともっと
生きていることを実感し、喜びたい。
そして、かけがえのない私の人生を、生命を
もっともっと輝かせていきたい。

連続性　　ずっとつながっていること

この生命は私のもの。
誰のものでもない、かけがえのない私の生命。
でも、どこからやってきたのだろう。
……そう
これは私が受け継いだもの。
ずっと遠い昔から受け継がれ
私が受け取ったもの。
この生命は私の生命だけれど
私だけのものではない。

私は生命というたすきを受け取り
人生というコースを
走りきらねばならぬ駅伝走者。
転んでも、立たなければならない。
くじけるわけにはいかない。
たすきを私に届けてくれた人たちのためにも、
そして私のたすきを
待っている人たちのためにも。

補助資料②　文部科学省「私たちの道徳」　P102 ～ 105　抜粋（一部改変）

(1)　かけがえのない自他の生命を尊重して　生命の誕生と死

> おばさんと、生まれたばかりの赤ちゃんが
> 私の家にやってきた。
> 赤ちゃんはにこにこと笑ってとてもかわいい。
> おばさんの話を聞くと、夜、泣き出すことも多いようで、
> 赤ちゃんの世話は大変だと思った。
> 赤ちゃんを抱いてみると
> ずっしりと重くて、温かい。
> 言葉にならない声を発したり、
> 手足を動かしたり、
> もういろいろな感情があるようだ。
> 生まれたばかりの頃は
> 私もこんなふうだったのかと、
> 不思議な気持ちになった。

> あんなに元気だった祖父が
> 息もせず、静かに眠っている。
> いつもそばにいた大切な人が、
> もう二度と、笑顔を見せたり、
> 私に話し掛けたりしないことが
> とても信じられない。
> たくさんの人の涙、それは祖父が
> たくさん愛されていたからだと思う。
> 誰かが
> 「もっと一緒にいて、いろいろな話がしたかった。」
> と、言っていた。
> 私は身近な人の死に接して初めて
> 生命のかけがえのなさを知った。

今、世界の人口は、70 億人を超えたと言われる。（2019 年国連広報 77 億人）
日本の人口は約 1 億 3 千万人となっている。（2019 年 12 月総務省統計局 1 億 2614 万 4 千人）
日本だけでみると 1 年間に 100 万人以上が誕生し、亡くなっている。
医療が発達した現代では、日本の平均寿命は 80 歳を超えているが、
一人一人の生命の長さは違う。（2018 年　女性 87.32 歳、男性 81.25 歳）
私たちの世代でも、毎年、かけがえのない生命が失われている。
　　日本の出生数・死亡数　厚生労働省「人口動態調査」（2019 年度）
　　　　出生数　　946,065 人（1,037,231 人　2012 年）
　　　　死亡数　　1,340,397 人（1,256,359 人　2012 年）

> 奇跡のように偶然が重なって自分に生命が与えられたことや、その生命にもいつか終わりがあることを考え、私たちは、どのように自他の生命を尊重していけばよいのだろう。

中学校 1 年生

③思春期の体の変化

保健体育

❶ 主 題 名

「生殖機能の成熟」

❷ 主題について

　思春期の体の変化と生殖機能の成熟には深いかかわりがある。この項目では内分泌や性ホルモンの働きなどの学習を通して、思春期の体の変化について科学的に理解することの大切さを学び取らせたい。

　すでに小学校の保健で、思春期に起こる体の変化について学習してきた。中学校では、単に体形や体の機能が変わるという知識だけでなく、生殖機能が成熟し、「妊娠が可能になる」ことに気づかせるとともに、「生命の尊重」や「自己の性の自認（受容）」、「大人への自覚」などの心理的な発達の観点を踏まえた生命誕生へつながる指導を心がける必要がある。

　また、発毛などの体の変化や月経・射精などの現象には個人差が大きいことも十分に理解させたい。思春期の体の変化や生殖機能の成熟などの正しい知識の獲得は、生徒の不安感を緩和するなどの心の健康や生活と深くかかわるからである。

❸ 本時のねらい

　①生殖機能の成熟を科学的に理解するとともに、発育発達の時期やその変化の程度には個人差があることを理解する。

　②妊娠が可能になることに気づき、自他の体を大切にする心情を養う。

❹ 他の学年・教科・領域との関連

　小学校の体育科で学習した「体の発育・発達」における「思春期の体の変化」、「心の発達」、「心と体の密接な関係」の内容を踏まえ、生殖機能の成熟から妊娠が可能になることを理解させる。

　また、家庭科「家族・家庭生活」、特別活動「男女相互の理解と協力」、「思春期の不安や悩みの解決、性的な発達への対応」、特別の教科道徳「友情、信頼」、「相互理解、寛容」、「生命の尊さ」等とも関連していることを考慮して授業を進める必要がある。

❺ 教材・教具

　①子どもから大人への体の変化（教科書にあるものを使用）

　②ブレーンストーミング（ＫＪ法の応用）指導者用資料（資料①）、付箋紙

　③ワークシート（資料②）

④知識確認シート（資料③）

⑤性腺刺激ホルモンの図解（教科書の図）

❻　**評価・評価資料**

①**評価**

・生殖機能の成熟について、理解した内容をグループ内で意見交換したり、自分の考え
　を発表したりすることができる。

・〔知識〕確認シートに自分の考えをまとめて記入することができる。その内容から、発
　育発達の時期やその変化の程度には個人差があることを理解していることが分かる。

②**評価資料**　　観察・ワークシート、付箋紙記録

❼　**指導案**

段階	学習内容・活動	教師のはたらきかけ	評価・評価資料等
導入 10分	○思春期の体の変化について考える。 ・子どもと大人の体の違いについて考える。 ・ブレーンストーミングの方法やねらいを理解する。	○生徒が発言しにくい場合は無理に発言させずに、ブレーンストーミング活用のねらい（資料①－1参照）を説明する。	自己の考えをもち、発表しようとしている。 ※観察
展開 30分	―ワークシート― ○体が変化する理由について考える ・ブレーンストーミング（KJ法併用）を活用した課題学習を行う。 ［ブレーンストーミングの約束］ ・複数の考えがある場合はすべて出す。 ・他者の考えを否定してはいけない。 ・他者の考えとの重複は歓迎する。 ［課題学習］ －ブレーンストーミング－ ＊詳細は「参考」参照 課題 ・大人に近づくとは、どういうことか ［個人活動］ ①課題について考える。 ②自分の考えを付箋紙に記	○「ブレーンストーミングの約束」を全員に記録させ、ルール遵守の徹底を図る。 ○自分では「これでいいのかな」と思う考えも、他者に認められる場合があることを助言し、より多くの考えを表明させる。 ○グループ活動を行うことにより、他者の考え（付箋紙の内容）を参考に新たな考えが生まれることを助言する。	 自己の考えをもち、発表しようとしている。 ※観察、付箋紙記録

展 開 30 分	入し、グループの机上に 貼りつける。 ［グループ活動］ ③グループ内で出された考 えを整理し、発表する。 予測される回答 ・丈夫な体になり子どもを 養うため ・子どもを産めるようにな るため ④グループの考えが正しい かを教科書で確かめる。生 命誕生の準備を理解する。 ○性ホルモンの働きを学 び、体の変化を科学的に 理解する。 ○生殖機能の発達について 調べる ・月経、射精から生命誕生 までの仕組みを調べ、ま とめる。 ・教師の説明を聞き、調べ た内容が正しいかを確認 する。 ・発達の個人差に気づく。	○各グループの発表内容を できるだけ肯定的にとら えながら、体の変化と 「生命誕生の準備」の関 係について助言する。 　　　　　　（課題の解答） ［調べ学習後］ ※科学的理解 ○内分泌腺の図を示し、性 ホルモンの働きについて 説明する。 ○生徒が経験する身近で大 切な変化であることを押 さえる。 ○発達には大きな個人差が あることを助言し、悩む 必要のないことを強調す る。	自己の課題や学習のねらい をつかみ、考えている。 ※観察 自己の課題や学習のねらい をつかむことができる ※観察
ま と め 10 分	○本時を振り返り、妊娠可 能に気づく。 ［まとめの課題学習］ まとめの課題 ・生殖機能が発達すること から、どのようなことが 言えるのか？（ヒント／ 何が可能になる？）	○妊娠可能に気づけない生 徒へは、ワークシートの コメント欄を通して助言 する。	学習のねらいをつかむこと ができる ※ワークシート

❽　授業を進める上での留意点

①ブレーンストーミングを活用した課題学習では、すべての生徒が自己の考えを表明することが大切である。したがって、実践の前に全員が付箋紙に考えを記入し、机上に貼りつけるよう説明するなどのオリエンテーションの充実に留意したい。

②ブレーンストーミングは資料①を参考に進めるが、生徒の状況によっては臨機に変更する。

［参考］　ブレーンストーミングの進め方の概要（生徒の活動）

	生徒の活動	活動の具体例
1	課題について考える	・全員が付箋紙に課題に対する解答を考え記入する
2	自己の考えを表明する	・記入した付箋紙をグループの机上に貼りつける
3	仲間の考えを知る	・仲間の付箋紙の内容を確認し参考にする
4	新たな考えをつかむ	・新たな考えを付箋紙に記入し、机上に追加して貼りつける
5	グループ内で課題に対する解答をまとめる　※複数解答可	①同種の考えと思われる付箋紙を一箇所にまとめる　②同意見の多いものをグループ内の解答とする　・少数意見であってもグループの解答として認めたいものがある場合は採用する
6	他のグループの発表を聞く	・他のグループの適切な解答と思われる発表内容を記録する
7	グループの解答を再検討する	・解答の再検討をし、グループの解答を決定する

❾　資料

資料①　ブレーンストーミング指導者用資料

課題学習で活用するブレーンストーミングの方法（ＫＪ法併用）

> 　性教育にかかわる男女共習の授業では、生徒が異性を意識するあまりに自己の考えを出しにくい雰囲気になることがあり、活発な意見交換を望めない傾向もみられる。
> 　そこで、紙上発表を中心としたブレーンストーミングの方法（ＫＪ法併用）を活用することにより、口頭による発表と比較して、自己の考えを容易に表明することが期待できる。

１．ブレーンストーミング活用のねらい
　⑴自己の考えや意見を容易に表明できるようにする。
　⑵他者の考えを参考に新たな考えをもつ。
　⑶事後の意見交換のための題材として活用する（活発な意見交換を促す）。

２．学習形態
　男女グループか男女別グループかで行い、１グループ４～６名程度のグループ学習とする。

３．方法
　①自己の考えを付箋紙に記入する。　②付箋紙をグループ内の机上に任意に貼りつける。

４．ルールと記入例

> ⑴他の生徒の考えや意見に対して批判をしてはいけない。
> ⑵頭に浮かんだ考えは必ず発表する（自分ではつまらないと思っていても他人には素晴らしいと思えることがある）。
> ⑶他の生徒の考えを参考にして「発展」「改善」「結合」するなどの改善案を認める。

［付箋紙への記入例］　　　問）なぜ、大人になるために体は変化するのか？

５．ブレーンストーミングの指導（まとめ方）
　「子どもを産めるようになるため」など、生徒の考えを取り上げて体の変化が「生命誕生の準備」であることを説明しまとめる。生徒の考えを教師が取り上げ、それを課題学習の結論に結びつけて助言することにより、生徒は考える喜びをつかみ、学習意欲の向上と知識・理解の深まりが期待できる。

保健学習　　生殖機能の発達ワークシート　　　　　年　組　氏名

○「ブレーンストーミングの約束」を記入しよう

＊
＊
＊

課　題

なぜ、大人になるために体は変化するのか？

注）課題についての<u>あなたの考え</u>を付箋紙に記入する。

自分のグループの解答

他のグループの解答　　＊あなたが参考になると判断した発表内容をメモしておこう

自分のグループの最終解答　　○グループ解答の修正・決定

○教科書で調べたこと、先生の説明を記録しておこう

※「自分の考えやグループの解答が正しかったか」も記入しておこう（自己評価）

○体の変化とともに生殖機能が発達する。<u>「月経」「射精」</u>から<u>「生命誕生」</u>までの仕組みを
　調べてみよう

まとめの課題　　　生殖機能が発達することから、どのようなことが言えるのか　ヒント／何
が可能になる？

先生からのコメント欄

資料③　知識確認シート（授業の進行状況をみながら適宜使用する。）

　※下記の問題は記載の学習指導案以外の範囲を含む。

　※時間 10 分程度　　※（　）内のルビが正答

保健体育（保健分野）　　〔知識〕確認シート　生殖機能の成熟
問1）文の（　）に適する語句を解答欄に記入しなさい。 ・思春期には脳からの刺激を受けて、生殖器から（　1^{性ホルモン}　）が分泌される。 ・女子では（　2^{受精}　）しない場合に、子宮内膜がはがれ、卵子は血液とともに体外に排出される。これを「（　3^{月経}　）」と言う。 ・男子では（　4^{精巣}　）でつくられた精子を含んだ精液が体外へ排出される。これを「（　5^{射精}　）」という。
問2）「受精の仕組み」について説明しなさい。

解　答　欄

問1

1		2		3		4		5	

問2

　　　年　　　組　氏名

　※時間 10 分程度

保健体育（保健分野）　　［思考・判断］確認シート　生殖機能の発達
問）子どもから大人へは体の変化や生殖機能などの発育・発達がみられる。「なぜ、人はこのような変化をするのか」答えなさい。また、体や機能などの変化以外に「大人になるとはどういうことなのか（男性、女性として）」自分の考えを述べなさい。

　［評価］　　①妊娠可能につながる科学的な根拠に基づく考えが述べられている。

　　　　　　　②生命誕生につながる考えが述べられている。

　　　　　　　③自己の性に応じた大人への自覚が述べられている。

中学校
1
年生

④思春期の心

保健
体育

❶ 主題名
「心の変化と異性への関心」

❷ 主題について
　思春期の生殖機能の発達は心の発達にも大きく影響し、自己に関心が向けられ、不安や悩みが生じると同時に、異性への関心が高まったりしてくる傾向がある。結果として、やせ願望が生じたり、オシャレに走ったりすることも起こってくる。そのため、思春期の心の変化を客観的に学習するとともに、性に関しての理解を深め、異性とのかかわりについて、適切な態度や行動の選択ができるようにすることが必要であることを理解させ、「異性尊重」の観点から指導することが大切になる。

　さらに、今学習を通して男女が互いに尊重し、協力してよりよい学校生活を送ることのできる実践的な態度の育成につなげたい。

❸ 本時のねらい
　①異性への関心が芽生えたり高まったりすることを知り、男女の心理的な違いや性的欲求が強まることなど、心の変化について理解する。

　②一人一人の体と心が違うこと、多様な考え方、感じ方があることを理解することで、お互いを尊重した関係を築き、日常生活において男女相互に協力的な態度がとれるよう実践的な理解を図る。

❹ 他の学年・教科・領域との関連
　指導事例③「思春期の体の変化」（保健体育）の学習における「生殖機能の成熟と妊娠が可能になることの理解」を踏まえ、異性の相互理解と尊重する心と態度が大切であることの理解を深める。特に、学級活動指導事例⑥「性情報への対処」や「男女相互の理解と協力」、「思春期の不安や悩みの解決、性的な発達への対応」との関連を考慮することや、道徳科「友情、信頼」「相互理解、寛容」「生命の尊さ」等の学習とも関連させて計画的に授業を進めることが大切である。

❺ 教材・教具
①「異性とのキス願望・キス経験の推移」調査結果グラフ（資料①）
②ブレインライティングの用紙（資料②）
③ワークシート（資料③）

❻　**評価・評価資料**

①**評価**

・異性への関心が芽生えたり高まったりすることについて、理解した内容をグループ内で意見交換したり、自分の考えを発表したりしている。

・男女の心理的な違いや性的欲求が強まることや、多様な考え方、感じ方があることなど、心の変化について自分の考えをまとめてワークシートに記入することができる。

②**評価資料**　　観察・ワークシート

❼　**指導案**

段階	学習内容・活動	教師のはたらきかけ	評価・評価資料等
導入 10分	○思春期の心の変化について考える。 ・小学校時の男女のかかわり方の特徴について考えを発表する。 予想される回答 ・異性を敵視する。 ・異性よりも同性と遊ぶ。 ○ブレインライティングの方法を理解する。	○生徒の回答を取り上げ、「そのことは大人になるとどうなるのか？」を発問し、大人への心の変化に気づけるよう助言する。 ○ブレインライティングの方法を説明する。	自己の考えを発表しようとしている。 ※観察
展開 30分	○異性の関心をつかみ理解する ・男女別グループでブレインライティングを行う。 ［グループ活動］ ①「異性に求めるものは何か」を3つにまとめ、ブレインライティング用紙に記入し、異性グループに渡す。 ［個人活動］ ②異性が記入した3つの項目に各自がコメントを記入し、異性グループに返却する。 ［グループ活動］ ③返却された用紙のコメントを見て、異性の感じ方をつかみ、グループ内の感想をまとめる。 ④グループの感想を発表する。	○異性の関心をつかむことを重視し、「男女特有のものか」「男女ともに言えるものか」などの性差・個人差は、生徒の判断でよいことを助言する。 「理解できる」「困る」「意外」などの感じ方の例示をするとコメントがしやすくなる。	自己の考えを発表しようとしている。 ※ブレインライティング記録

展開 30分	[クラス全体の活動] ・教師から示された話題についての意見交換を通して、異性の関心や感じ方（考え方）の違いについて理解を深める。 ○性的な欲求（性衝動）の仕組みについて簡単に知る。 ・「異性の体を見てみたい、キスをしたいなどの感情を抱くことはいけないことなのか」について、自分の考えをまとめる。 ・「異性とのキス願望・キス経験の推移のグラフ」を参照して、新たな自分の考えをもつ。 ・教師の話しを聞き、性衝動について正しく理解する。	○意外性などの反応を取り上げて全員で話題にする。 ○異性の考え方や感じ方を知ることは、異性理解に最も大切なことであることを助言する。 （異性への関心の変化にもふれる） ○「異性とのキス願望・キス経験の推移のグラフ」を提示する。 ○性衝動は「自然なことであり悪いことではない」ことを助言する。 ○性的な欲求のコントロールの必要性にもふれておく。	自己の課題や学習のねらいをつかみ、考えている。 ※観察 自己の課題について考えている。 ※ワークシート
まとめ 10分	○異性尊重についてまとめる。 ―ワークシート― ・「異性を尊重する」とはどういうことかを「今後の学校生活での自分の態度や行動」で表した考えをまとめる。	○異性への関心が高まるとともに、異性を尊重した態度や行動が求められることを助言する。 ○ブレインライティングによる異性の考え方などの違いを踏まえさせて考えさせる。 ○異性とは、生命誕生の観点から ①自分にできないことができる存在であること ②共に助け合って生きていかなければならない存在であること を助言する。	自己の課題について考えている。 ※ワークシート

❽　授業を進める上での留意点

①本時では異性の感じ方の違いをつかむことが重要である。そのためには、ブレインライティングの方法は有効である。

②生徒のブレインライティングの記述内容の中には、性差による感じ方の違いではなく、個人差とみられるものもある。しかし、異性理解の経験の少ない中学１年生に性差と個人差の区別を求めることは困難であるので、その点については、あまり深入りして指導しないようにする。

③中学１年生の段階では、ア）異性の中には自分とは違う感じ方をする人がいること、イ）異性へ配慮した態度や行動が必要なことを理解すること、に重点を置いた授業を展開するようにする。

④ブレインライティングは「ブレインライティングの方法」（69ページ参照）を参考に進める。

⑤「異性とのキス願望・キス経験の推移」の調査結果を示す際には、実際にキスすることを容認するものではないことを補足しておく。

❾　資料

資料①　異性とのキス願望・キス経験の推移　　　　　　対象／東京都内中学３年生男女

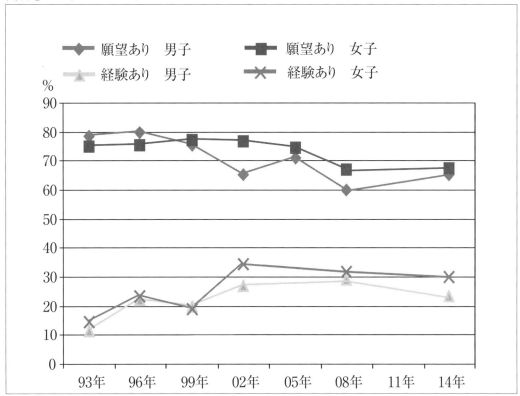

（東京都性教育研究会 2014 年調査報告）

●ブレインライティング●

グループ名：

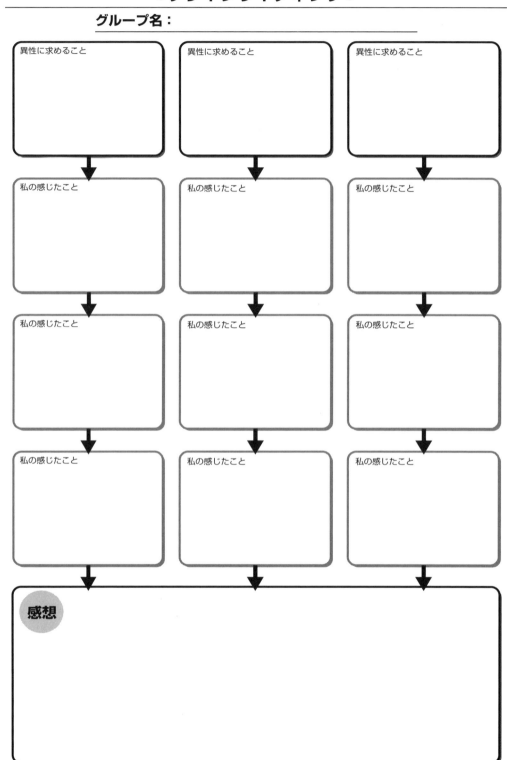

異性に求めること	異性に求めること	異性に求めること
私の感じたこと	私の感じたこと	私の感じたこと
私の感じたこと	私の感じたこと	私の感じたこと
私の感じたこと	私の感じたこと	私の感じたこと

感想

ブレインライティングの方法

1.ブレインライティング活用のねらい
　・自己の考えや意見を容易に表明できるようにする。
　・相手（異性）が考えていることや感じていることを把握する。
　・複数の相手の考えや感じ方をつかみ、一面的な考えにとらわれないようにする。

2.学習形態
　・男女共習　※グループ活動　同性5～6名程度　　※返信コメント記入は個人活動

3.方法と記入例
　［グループ活動］　・「異性に求めること」を話し合い、3つ記入する。
　［個人活動］　　　・同性が3つの内容のそれぞれにコメントを記入する。

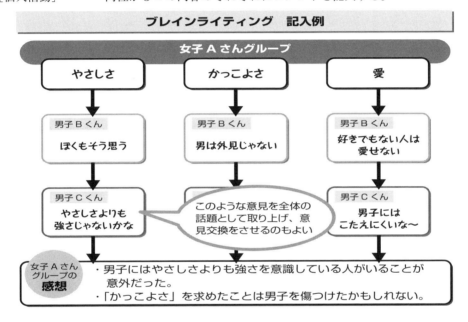

資料③　ワークシート［まとめ用］

「異性を尊重するとはどういうこと？」日常生活の態度や行動から考えてみよう
※ブレインライティングの結果を参考にしよう

［参考］
自分のよさを確かめよう
・自分が当たり前にやっていることも、異性にとっては心ひかれることがある。
気をつけよう
・異性が傷つく言葉や態度をとってしまった経験はないかな？
心がけよう
・異性とは今後どのように接していけばよいのかな？（恋愛感情ではなく仲間として）

［考えを書いてみよう］

中学校
1
年生

⑤異性の理解と協力(平等)

道徳

❶ 主 題 名

「平等な存在」

❷ 主題について

人間は、それぞれかけがえのない平等な存在である。とはいえ、すべてにおいて、同じということではなく、それぞれの特質をもってこの世に生まれている。また、社会は一般的に男性と女性、そして、多様な感性の人たちで構成されている。

異性間の好ましい人間関係をつくるためには、異性であることを互いに理解し、尊重することが大切であり、望ましい社会生活を営む上での重要な要因の一つであるとも言える。

そして異性間においては互いに偏見や差別があってはならず、理解と信頼があってこそ、男女の交際や友情が成立する。資料②では、家事や子育てに積極的に参加しようとする父の姿を通して、筆者が家族の在り方をみつめ直したことが述べられている。「家族が助け合うことに、性別の違いはない」と主張する父の姿が、祖父母の関係までも変えてしまったことが印象深く描かれている。日常のささやかなできごとを取り上げ、男女が協力し合うことの大切さや、互いに感謝する気持ちと相手の人格を尊重し、認め合うことの大切さを考えるに適した資料である。

❸ 本時のねらい

①互いに理解を深め相互の特性を尊重し、家族や社会の一員としての役割を考え、生活することが、望ましい異性観につながることの大切さに気づく。

②男女の一人一人が多様な感性をもつことを理解し、相手の人格を認め、性別等にかかわらず互いに協力し合って豊かな人間関係を築くことの大切さに気づく。

❹ 他の学年・教科・領域との関連

この学習は、特別活動の体育大会などで取り組む男女一緒の大縄跳び等で、異性間の身体的特質や、個々の運動能力の特性を理解し、縄の回し手の選出や練習方法、時間配分など互いの理解と協力ができるよう考えさせ、協力の実体験として取り組ませたい。また、技術・家庭科での「家庭生活」の前段階として、男女の性の特質と、家庭生活や社会の営みについてよりよい在り方を考えさせたい。

❺ 教材・教具について

①ワークシート（資料①）

②「わが家の男女平等」（資料②）

❻　指導案

段階	学習内容・活動	教師のはたらきかけ	評価・評価資料等
導入 10分	○日頃、男女が特定の仕事を割り振られたり平等でないと思ったことには、どんなことがあるかを発表する。	○グループごとに話し合わせ、代表者に発表させる。 ・学校生活と家庭生活の2つに分けてそれぞれの事例から考えさせ、家庭の事情等にも配慮させる。 ・男女共同参画の社会であることも認識させるようにする。	ワークシート問1 各自が、シートに自分の考えを記入しようとしている。
展開 25分	○資料②「わが家の男女平等」を読む。	○資料を黙読させ、その後、範読しながら進める。 ※社会では、2つの性だけではないとらえ方をしていることにふれる。	
	○家事や子育てに対して、父親が具体的に何をしているか抜き出す。	○資料にアンダーラインを引かせて確認させる。	
	○仕事をもっている父や母が家事や子育てをすることについて、どのような苦労があると思うか。	○個人でワークシートに記入させる。 ・仕事で夜遅くなる。 ・家族団らんが限られた時間でしかない。 ・仕事と家庭の両立。	ワークシート問2
	○父親や母親がそのように行動するのは、どのような考えがあるのか考える。	○家事や子育てには性別による違いはない。男女平等は、口で言うのはたやすいが、実際に行動するには、どのような考えがあるのか文中からみつけさせる。	ワークシート問3
	○「おじいちゃんを変えたのは、おとうさんなのよ。」とあるが、お父さんの何がおじいちゃんを変えたのでしょうか。	○男女平等を実践することに父親や母親の家族に対する深い愛情があることを感じさせる。 ・父親や母親がどのような苦労を克服して男女平等を実践しようとしているかを推測できるよう助言する。 ・仕事と家事という多忙な生活の中で男女平等を実践することの背後に父親や母親の家族に対する深い愛情があることを理解させる。	ワークシート問4 班内で出た意見にも耳を傾け、各設問に自分の考えを記入している。

| まとめ 15分 | ○男女が分け隔てなく活躍する社会にするためには、どのようにすればいいか話し合う。 | ○グループごとに話し合う。
・家庭生活、学校生活、地域社会に分けて、どのようなことから実践することができるかについて、具体的に意見を出す。
・男女に関係なく協力してかかわっていくことが大切であることを強調する。 | ワークシート問5
自分が記入した意見を班員に対して、発表することができる。 |
| | ○説話 | ○家庭内での協力から社会で協力する説話を準備しまとめとする。 | 説話の内容を静かに聞き取ることができる。 |

❼ **授業を進める上での留意点**

①家事や子育てに進んで参加しようとしている父の姿から、筆者が家庭で男女協力の在り方をみつめ直している点に気づかせるようにする。

②男女平等とは言え、性に関する社会問題が多々あることに、自己の体験も思い出させながら気づかせるようにする。

③どのような実践が男女平等であり、協力し合えるものであるか、できるだけ多くの違った視点から考えさせる。

④男女の協力を、家庭や学校で実際に生かしていくことの大切さに気づかせる。

⑤男女互いの立場を理解し、これからの社会が男女平等で、共同参画していくものであることにもつなげる。

❽　資料
資料①　ワークシート

年　　組　名前

1．男女が平等でないと思うことはどんなことでしょう？
2．夜遅くまで働いているお父さんが、家事や子育てで手伝ったことや苦労したことはどんなことでしょう？
3．お父さんの考えを書いてみましょう。
4．お父さんの何が、おじいちゃんを変えたのでしょう？
5．男女が分け隔てなく活躍できる社会は、どのようにすればいいでしょう？

わが家の男女平等

　わたしたちはあたりまえのように「男女平等」という言葉を使っていますが、ほんとうにそうなっているのでしょうか？

　「日本の政治はまだ男社会」。先日、こんな新聞記事を見ました。世界の女性国会議員比率は、1995 年の 11.3％から、2019 年 1 月には 24.3％まで上昇しましたが、日本は世界の 1995 年のレベルにも達していない 10.2％で、193 か国中 165 位だそうです。

　調べてみると、国会議員だけでなく、もっと身近な県や市の議員も圧倒的に男性のほうが多いことが分かりました。だいたい「女性議員」というように、いちいち「女性」とつけること自体がおかしいのではないかという意見もありました。

　「男女平等」について、友達と話をしてみると、家庭によって違いがあることが分かりました。いろいろな家庭の姿があったのですが、大きく分けて、家事や子育てなどは全部お母さんの仕事でお父さんは家事を何もしないという家庭と、お父さんもできるだけ家事に参加するという家庭がありました。どちらかというと、前者の家庭が多いように感じ、わたしたちの身近な家庭でさえ、男女平等になっているか、疑問に思いました。

　わが家は、後者のほうだと思います。わが家は父、母、兄、わたしの 4 人家族です。父はサラリーマンで夜遅く帰ってくることもあります。母はパートで働いていて、兄は高校生、わたしは中学生です。

　物心がついたときからわが家では、父も母も料理をするし、その後かたづけも家事のことはどちらもしています。ほかの家庭で聞くことがある「女だから」「母だから」という父の言葉を聞いたことがありません。それだけでなく、わたしにも「女の子だから手伝いなさい」と言うことはありません。家族全員、「家事は家族みんながするもの」が当然だと思っています。

　それは、わたしが小学生のとき、母が病気で寝込んでしまって、父と兄と私で家事すべてをしたことがあったことも関係していると思います。母がいないだけでそれがどんなに大変なことか……、父もわたしたちも、家事に対する家族の協力のたいせつさをいっそう感じたことを覚えています。

　このあいだ、新聞記事のことから調べてみた友達の家庭のこと、そしてあらためてわが家のことを父と母にたずねてみました。

　すると父は「家庭にはそれぞれのルールがあるからわが家が絶対とは思わないが、家事や子育ては女性だけがするものだと、お母さんにも子どもたちにも思ってほしくない。男だから女だからという考えはわが家のルールにはない。家庭のことは家族みんなでするという感覚をもってほしいと思っている」と話してくれました。

　その横で母が「じつはね」と笑いながら話してくれました。「お兄ちゃんが生まれたばかりのとき、（母の実家の）おじいちゃん、おばあちゃんちへ行ったときの話。おとうさんがおばあちゃんやわたしの手伝いを進んでしたら、おじいちゃんがなんでそんなことをするのか聞いたことがあったのよ。おとうさんはいま言ったようなことをおじいちゃんにもお話ししたのね」。

　母の話では、いまでは祖母にやさしい祖父も以前には、何かものを取るにも自分は立ち上がらず「新聞！」「お茶！」と言うだけで、かならず祖母に持ってこさせていたそうです。母にも「お前は女だから」という言い方をしていたそうです。しかし、進んで家事をする父やうちの家族のようすを見るうちに、祖父の祖母に対する態度が少しずつ変わってきたそうです。

　「おじいちゃんを変えたのは、おとうさんなのよ」。母はそう言いました。

　最近では、男の人も育児休暇を取る人が増えてきたそうです。「男だから」「女だから」と決めつけないで、男女が平等に暮らせる世の中になってくれればいいなと思っています。

　男女平等は、おたがいを思いやる気持ち、協力し合う気持ちをもち続ければ、家庭だけでなく、社会でも当然のこととして受け入れられるようになるのではないでしょうか。そうすれば、男の人も女の人も社会や政治の場で活躍する世の中になるにちがいないと思います。

中学校 **1** 年生

⑥性情報への対処

学級活動

❶ 主 題 名

「興味の裏にキケンがいっぱい！」

❷ 主題について

　最近のインターネットやスマートフォン、LINE 等の SNS の急激な普及に伴い、性情報の入手が容易になり、性的な逸脱行為、性にかかわる事件が急増している。

　また、仮想の世界にふれることが多いため、現実感が希薄になり自尊感情が育たず自分自身の存在を否定したり、自己を大切にする行動がとれなかったりする場合も多い。

　このような現状の中でパソコン、スマートフォンという端末を通して架空の出会いや、見知らぬ人とのコミュニケーションを図ることで、自分たちの空虚な気持ちを埋めようとしている行動が少なからずみられるが、その裏に危険なことが潜んでいることを理解させたい。また、どのような行動選択をしていくことが性の逸脱行為や性犯罪の発生を抑えていくことになるのかを考えさせたい。

❸ 本時のねらい

①従来のテレビ、雑誌だけでなく、インターネットやスマートフォン、LINE 等の SNS 利用などによって氾濫する性情報と、それによる被害の実態を認識させるとともに、膨大な性情報にどう対処していくかを考える。

②インターネットやスマートフォン、LINE 等の SNS 利用がどのような性の逸脱行為や性犯罪につながっているのか、その背景を知る。

③性犯罪に巻き込まれない、性犯罪を起こさないための行動選択のしかたを具体的に知る。

❹ 他の学年・教科・領域との関連

　前時の指導事例④「思春期の心」の授業の内容を踏まえ、本時においては性情報への興味・関心が異性への関心がもとになっていることを認識させつつ、それへの適切な対応を学ばせ、次時の指導事例⑦での「性の被害者・加害者にならないために」の内容につなげるよう取り扱う。また、この内容は第2学年の学級活動の指導事例⑨「性情報と社会環境」との関連を図って指導する。

❺ 教材・教具

①インターネットアダルトサイトの事例（資料①）

②スマートフォン等の出会い系サイトの事例（資料②）

③新聞や青少年雑誌の性情報に関する記事（省略）

④ワークシート1　インターネットアダルトサイト編（資料③）

⑤ワークシート2　出会い系サイト編（資料④）

❻　**評価・評価資料**

①**評価**

・自らの課題としてとらえ、日常生活の中でどのように判断し行動するかなど具体的な
　解決方法ついて理解しようとしている。

・グループでの話し合いに参加し、自己の考えを述べ、他者の意見を受け入れることが
　できる。

②**評価資料**　　観察・ワークシート

❼　**指導案**

段階	学習内容・活動	教師のはたらきかけ	評価・評価資料等
導入 10分	○グルーピング ○インターネットやスマートフォンを使った性の犯罪について知る。 ○急増しているネット犯罪の現状や新聞記事を読む。	○生活班でグループを組ませる。 ○新聞記事以外にも自分の身近に生じていることにも意識を向けるように問いかける。 ○インターネットやスマートフォンは便利だが、使い方によっては安全ではないことを示唆する。	氾濫する性情報の状況を知り、課題をみつけることができる。 ※観察
展開 30分	○見知らぬ人からの突然のメールやチャット、LINE等の書き込みに対して、どのようにして対応したらよいのかをグループで考える。 ○自分ならワークシートのメールに対してどう行動するかとその理由を各自で記入する。	○ワークシートを配付し、記入させ、グループで話し合う。 ・実際にワークシートのようなメールがきたという想定で考えさせる。 ○選択した行動とその理由を考えさせる。 ・この時点で性的な逸脱行為によるもの、性犯罪に巻き込まれる危険性があることに気づくようにする。	仲間の意見をしっかり聞こうとしている。 ※観察 自分の課題としてとらえ、よりよい解決の方法について考えている。 ※ワークシート

展開 30分	○記入したことをグループで発表して、どう行動するのがよいのかを話し合う。 ・発表はポイントだけを簡単に行う。 ○トラブル事例を考える。ワークシートの事例を読んでどうすれば被害にあわないかを各自で考える。	○行動を決める判断基準は何かも考えさせる。 ○インターネット等を使った犯罪のトラブルの防止には、一人一人が責任ある行動をとることが大切なことに気づくよう助言する。 ○実際に被害にあった場合には、すぐに関係諸機関に相談することが大切なことを知らせる。	
まとめ 10分	○具体的な対応のまとめ。 ○ワークシートに自分が考えたことを書く。 ○何がポイントなのかを確認する。 ○被害にあったときの相談方法を知る。	○相手が特定できないメールやチャットなどの情報には、「対応しなくてもよい」ということを理解させる。 ○危険と隣り合わせの状況を避けるような行動が大切だということに気づかせる。 ○被害にあったときの相談方法の資料等を準備し配付する。	自分の生活の場でどのように判断し、行動するか具体的に書いている。 ※ワークシート

❽ **授業を進める上での留意点**

①新聞や青少年雑誌、インターネット、スマートフォンなどから、実際の情報を示し、情報は様々なところから手軽に入手できることを実感できるようにする。

②生徒が話し合いの中で自ら気づくことが大切であり、巡回しながら生徒の意見を拾い上げ、活発な意見交換がなされるようにする。

③これらのサイトは、興味をひくことを目的としていることが多いということを様々な場面で強調しておく。したがって、すべてが正しい情報であるとはかぎらないこと、様々な犯罪に関連することに気づかせるように指導する。

④インターネットアダルトサイト編、出会い系サイト編のワークシートは両方を使うこともできるが、時間の関係や内容を深めたい場合にはどちらか一方を取り上げてもよい。

⑤アダルトサイトや出会い系サイトには次の資料①、②のような背景や危険性、アクセスしてしまったときの対処の方策などがあることを念頭において指導する。

❾　資料

資料①　インターネットアダルトサイトの事例

○日本語のアダルトサイト運営者は、そのリンクによって紹介料をもらっている。

○無料と書いているのに、クレジットカード番号を入力させる時点で疑わなければならない。「ただほど怖いものはない」ということを理解させ、何がどのように無料なのか、そうすることでアダルト運営会社はどんな得をするのかをはっきり見極められるようになることが大切である。

○ワークシート１の４のようなメールはスパムメールという悪質なビジネスであることを知る。「絶対に払わない」「メールや電話も返信しない」ことが大切である。

○もし、被害にあったら、クレジットカード会社や国民生活センターにすぐに連絡して相談してみるなどの方法を教え、すぐに連絡させる。

○最終的には、性情報に興味本位で接することは危険につながることを教え、アダルトサイトは見ないことがいちばん安全であることを強調する。

資料②　スマートフォン等の出会い系サイトの事例

○スマートフォン等の電話番号やメールアドレスを教えることは非常に危険であり、興味があるからといって誰にでも教えることは犯罪につながることを理解させる。

○出会い系サイトにアクセスすると、ストーカー行為、嫌がらせ、恐喝、殺人などのトラブルに巻き込まれる危険性がきわめて高いことを理解させる。

○スマートフォン等のよいところと悪いところをしっかり理解し、マナーを守り使用することが大切なことを指導する（本当に必要かどうか確認する。持つ目的をはっきりさせる。使用する上でのルールを決める）。

○不審に思ったり困ったりしたときは、必ず保護者や教師に相談することが事件から身を守ることにつながることも教える。

○チャットなどの電子掲示板も、危険に巻き込まれることがある。

○性に関しての情報があふれている環境の中では、自己をみつめ、様々なことに興味をもち、その目標達成のために努力しようとする姿勢や態度を身に付けていくことが大切であることを伝える。

資料③　ワークシート1　インターネットアダルトサイト編

　興味の裏にキケンがいっぱい！　　　　　年　　組　名前

---

1. インターネットを見ていたら、アダルトサイトのエッチな画面がでてきました。
   あなたならどう行動しますか？
   ①さらに見ていく　　②なんとなく怖いので違うサイトに変更する
   〈それはなぜですか？〉

2. 日本語のアダルトサイトから「無料画像ダウンロード」と書かれていたら
   あなたならどう行動しますか？
   ①クリックする　　②興味はあるが怖いのでクリックしない
   〈それはなぜですか？〉

3. ダウンロードをしようとしたら英語のサイトに転送されていて何が書いてあるか分からな
   いときにあなたならどう行動しますか？
   ①クリックする　　②興味はあるが怖いのでクリックしない
   〈それはなぜですか？〉

4. このようなメールが届いたらあなたならどう行動しますか？
   「あなたのご利用になったアダルトサイトの利用料金が未納となっていますので徴収代行手
   数料も含めて明日の午後3時まで振り込んで下さい。」
   ①振り込む　　②電話やメールで問い合わせをする　　③振り込まない
   〈それはなぜですか？〉

5. この授業をうけて分かったこと、感想を書いてみましょう。

資料④　ワークシート2　出会い系サイト編

興味の裏にキケンがいっぱい！　　　　　　　　年　　組　名前

1.「ぼくは最近、アメリカから日本に留学してきたボブです。日本のガールフレンドを募集しています。どうか友達になってください。」

　　ぼくの電話番号は０９０－××××－××××

　　メールアドレスは bob@.xx.xx　　　　　あやしい者ではありません！

　　①迷わずメールする　　　②興味はあるけど怖いので返信しない

　　〈それはなぜですか？〉

2.「連絡ありがとう。今度、ぼくと会いませんか？　今度の日曜日の午後１時に、場所は池袋か新宿あたりで……きっと楽しいよ。ぜひ会いましょう。」

　　①会いに行く　　　②行かない

　　〈それはなぜですか？〉

3.返事を送ったところ、嫌がらせメールや恐喝電話がかかってきました。あなたならどうしますか。

　　①怖いので誰にも相談しない　　　②怖いのですぐに相談する

　　〈それはなぜですか？〉

4.スマートフォンの便利なところと危険なところを考えて書いてみましょう。

　　①便利なところ

　　②危険なところ

5.この授業をうけて分かったこと、感想を書いてみましょう。

⑦ 性の被害者・加害者にならないために

学級活動

❶ 主 題 名

「性犯罪から自分の身を守り、自分自身が加害者にならないために！」

❷ 主題について

インターネットやアダルトビデオ、雑誌などから過激な性の情報を手軽に得ることができるようになり、生徒の性に対する意識は大きく変化してきている。性に対しての道徳性や規範意識の薄れとともに興味本位の性的意識がふくらみ、自分自身の欲求のコントロールができずに加害者になってしまうケースも生じている。

このような現状を踏まえ、生徒自身が犯罪から身を守り、また加害者にならないようにするためには、犯罪の実態を知り、被害者にならないための防衛策や、被害にあったときの具体的な対応のしかたを学び、実践できるようにすることが大切だと考え、本主題を設定した。

❸ 本時のねらい

①自分たちが生活している地域の性犯罪の傾向を知ることによって、被害にあわないようにするための言動を具体的に考え、実践できるようにする。

②性犯罪の被害者や加害者にならないようにするためにはどのようにすればよいのかを考え、日頃から実践できるようにする。

❹ 他の学年・教科・領域との関連

前時の指導事例⑥の「性情報への対処」の授業の内容を踏まえ、本時においては「性の被害者・加害者にならないために」の視点からの題材を扱い、第2学年の学級活動での指導事例⑨「性情報と社会環境」の内容につなげるよう取り扱う。また、この内容は第2学年の学級活動の指導事例⑫「人間関係スキルの育成」との関連を図って指導する。

❺ 教材・教具

①「自分の身を守り、自分自身が加害者にならないために！」（資料①）

②インターネット情報や新聞の切り抜き等（省略）

③教育委員会事務局や警察等から公表されている不審者情報提供資料（資料②）

④ワークシート1（地域犯罪マップ）（資料③）

⑤ワークシート2（性犯罪から自分の身を守り、自分自身が加害者にならないために）（資料④）

❻　**評価・評価資料**

①**評価**

・自らの課題としてとらえ、日常生活の中でどのように判断し行動するかなど具体的な解決方法ついて理解しようとしている。

・グループでの話し合いに参加し、自己の考えを述べ、他者の意見を受け入れることができる。

②**評価資料**　　観察、ワークシート、地域犯罪マップへの記入

❼　**指導案**

段階	学習内容・活動	教師のはたらきかけ	評価・評価資料等
導入 10分	○自分たちの周りで起きている身近な犯罪を知る。	○教育委員会から日々送られてくる不審者情報（資料②）を提供し、危険箇所や時間を考えさせる。	性犯罪の実態を理解できる。 ※授業観察
展開 30分	○身近に起きている性犯罪にはどのようなものがあるか考える。 ・公然わいせつ、強制性交、窃盗（下着泥棒）、のぞき、痴漢など。 ○性に関連する犯罪がなぜ起こるのかをグループで考える。 ○被害者にはなぜ女性が多いのか考えさせる。 ○被害にあわないための予防策をグループで考える。 ・グループでまとめた予防策を発表する。 ○加害者にならないためにはどうしたらよいか、グループで考える。 ・グループでまとめた内容を発表する。	○日々起きている性犯罪（性被害）の新聞やニュースなどの内容を知らせる。 ・ワークシート1に記入する。 ○女性が被害に遭うことが多いのはなぜかを、その背景から考えさせる。 ○性犯罪を防ぐためには、自分たちがどのように対処したらよいのか考えさせる。 ○思春期には、心と体が急激に成長するために自分の感情をうまくコントロールすることができずに加害者になってしまうことがある。このことを分からせ、自分たちの言動に責任をもつことを理解させる。	性犯罪を自分の課題としてとらえ、その原因と解決のためのよりよい解決の方法について考えている。 ※授業観察、ワークシート 他者の意見を聞き、自らの考えをまとめ今後の生活に生かす。
まとめ 10分	○具体的な対応のまとめ ・避難場所の確認と方法を知る。 ○被害にあったときの通報方法や相談方法を知る。	○自分が住んでいる地域を考えさせ、具体的に避難場所・方法を確認する。 ○被害にあったときの通報相談方法の資料を配付し確認する。	自分の生活の場でどのように判断し、行動するかが具体的に書かれている。 ※ワークシート

❽ 授業を進める上での留意点

①自分たちが生活している地域を地域犯罪マップなどの危険場所や時間帯などについて考えさせることで、より身近な犯罪であることを実感させるようにする。

②インターネットや新聞の切りぬき等が準備できない場合は、自分でつくってもよい。

③教育委員会事務局や警察の情報サービス等から公開されている不審者情報などから情報提供するなど、できるだけ地域の中で起きていることを教材化するが、その際個人情報などには十分配慮する。例えば、個人名、住所、町名などは出さない。また、「容疑者」は、まだ「犯罪者」ではないことなどを教える。

④巡回しながら生徒の意見を拾い上げ、活発な意見交換がなされるようにする。

⑤被害者に女性が多いのはなぜなのかに着目させ、一般的に男性は攻撃性が強いことを教える。

⑥性犯罪を防ぐためにはどのように対処したらよいかを考えさせる際には、女性は男性を性的に刺激するような服装や髪型などに十分注意しなければいけないことも伝える。

⑦思春期には、心と体が急激に変化するため、心の不安定さが増すことを意識させ、自分の感情や欲望を抑えるための方策を考える授業が展開できるとよい。

⑧活発な意見の交換ができるように雰囲気づくりをすることが重要である。

⑨自分たちが被害にあった場合の具体的な通報のしかたや相談の方法を紹介し、徹底を図る。

❾ 資料

資料①　自分の身を守り、自分自身が加害者にならないために！

○地域で起きている犯罪について、地域犯罪マップに書き込みながら話し合いを展開していく。

○地域での不審者情報などが日常的によせられている状況を説明する。

○マップを見ながら犯罪が起きる時間帯や場所には特徴があることを気づかせる。
　〈マップはなるべく自分たちの地域を〉

○被害にあいそうになった場合の緊急に逃げ込む場所などもしっかり確認しておく。

○不審者情報の資料の内容は、地元での事件内容も取り入れる。

○一人でいるときにねらわれやすいこと、言葉巧みに誘いをかけてくることを知る。

○防犯対応策を知らせる。

○路地や死角につれ込まれそうになったら大声をあげる。

○自動車が速度を落として近寄ってきたら、すぐ自動車から離れるようにする。

○後ろからつきまとい等があったときのために、防犯ブザーを携帯しておくこと。夜間の一人歩きは避け、人通りが多く明るい道を選んで歩くことを心がけさせる。

資料②　○○市・不審者情報

　この情報は、学校や児童等から連絡があった通学路等での不審者の状況についてお知らせしています。

　なお、声かけ事案等については、善良な市民が道を聞くつもりで声をかけたが児童等が恐怖感を覚えて連絡したもの等、児童等の主観的な受け止めによる情報が含まれる場合があります。

No. 83　区分：露出
学校種：小学校
1 場　　所　　○○市○○町○番
2 日　　時　　令和○○年○月○○日 14 時 00 分
3 児童等　　小学生
4 不審者　　男　30 ～ 40 代　灰色の自転車　黒い帽子 眼鏡　黒のジャンパー　マスク着用。
5 状況　　　露出
6 その他

No. 82　区分：露出
学校種：小学校
1 場　　所　　○○市
2 日　　時　　平成○○年○月○○日 16 時 15 分
3 児童等　　小学生
4 不審者　　中学生から高校生くらいの男。身長 165cm 程度で細めの体つき。髪は短めで坊主頭が伸びた感じ。ボア襟付きのモスグリーンのジャンパーを着用。自転車とスマートフォンともにシルバー色。
5 状　況　　露出
6 その他

No. 81　区分：声かけ
学校種：小学校
1 場　　所　　○○市
2 日　　時　　平成○○年○月○○日 15 時 35 分
3 児童等　　小学生
4 不審者　　60 歳過ぎの男。160cm 以内で小太り。グレーのジャンパーに、ベージュの毛糸帽子と白のマスク着用。
5 状　況　　小学生への声かけと腕つかみ（実害なし）。
6 その他

No. 80　区分：性的被害
学校種：小学校
1 場　　所　　○○市
2 日　　時　　平成○○年○月○○日 15 時 30 分
3 児童等　　小学生 1 名
4 不審者　　丸顔であごひげ，中背でやせ形，中年の男。
5 状　況　　小学生の腕をつかみ，服を脱がせようとした。
6 その他

No. 79　区分：つきまとい
学校種：高等学校
1 場　　所　　○○市
2 日　　時　　平成○○年○月○○日 7 時 05 分
3 児童等　　女子生徒 1 名
4 不審者　　20 歳代後半　160cm 位　短髪茶髪ホスト風。
5 状　況　　登校途中つきまとわれる。
6 その他

資料③　ワークシート1（地域犯罪マップ）

年　　組　名前

地域で起きている犯罪を知ろう

①犯罪場所に○をつけよう。

②時間帯を書き込もう。

③どのような事件が起きているか書き込もう。

④近くの避難場所を確認しよう。

※架空の地域地図を入れるようにする

不審者情報事例 I

○発生時間　令和○○年○○月○○日（○）午前7時50分

○発生場所　○○市○○町○番

○概　　要　女子中学生が登校中に、自転車に乗った不審な男がすれちがった際に、体を触られた。生徒は学校に行き担任に報告した。

○不 審 者　20代　茶髪　長髪　白い自転車　ジーパン　黒のジャケット

○備　　考　警察が現在捜査中。パトロールを強化しています。

不審者情報事例 II

○発生時間　令和○○年○○月○○日（○）午後18時30分

○発生場所　○○地区

○概　　要　女子生徒が下校中、下半身を露出したまま自転車に乗って道路を行き来している男を目撃した。生徒は学校に戻り教員に報告した。

○不 審 者　20代　茶髪　長髪　白い自転車　ジーパン　帽子

○備　　考　警察が現在捜査中。付近のパトロールを強化しています。

〈もし、あなたが上記事例IIのような不審者にあったらどのように対応しますか。具体的に、書いてみましょう。〉

資料④　ワークシート2（性犯罪から自分の身を守り、自分自身が加害者にならないために）

年　　組　名前

1. 性犯罪にはどのようなものがあるかみんなで書き出してみよう。

2. 性犯罪の被害者には、女性が多いのはなぜか。理由を考えよう。

3. 性犯罪を防ぐには、どうすればよいのだろうか。
・個人的に取り組むこと

・地域で取り組むこと

4. 被害にあった場合の具体的な対応方法を考えてみよう。

⑧これからの自分と家族

家庭分野

❶ 主題名

「自分の成長と家族や家庭生活」

❷ 主題について

現代では家族の構成メンバーや考え方については個人の価値観によって差が大きく、変化してきている。両親がいて子どもがいる核家族の中でも、いわゆる「標準家族」と呼ばれる家庭で育つ生徒が多いため、少数派の家庭で育つ生徒が肩身の狭い思いをしていることもある。今の自分の家族を基準にするのではなく、いろいろな家族の形があることを理解させたい。そして、自分の将来を考えさせることで、家族関係が変化することに気づき、よりよい生活を考えていくために、多様な家族・家庭の姿を理解し、血縁や性別にかかわりなく尊重し合う社会をつくる大切さを理解させることを目指す。

❸ 本時のねらい

①自分の将来の生き方をイメージし、家族の年齢や構成メンバーが変わったときの暮らし方や役割を考える。

②様々な家族の形態や生活のしかたがあることを知り、相互に協力して家族関係をよりよくする方法を考える。

③家庭生活と地域とのかかわりについて知り、互いに尊重し合い共生する持続可能な社会をつくるために、必要なことや自分にできることを具体的に考える。

❹ 他の学年・教科・領域との関連

小学校で学習した「家族・家庭生活」を踏まえて、1学年で扱うようになる。したがって、小学校での履修と関連づける。中学校では、特に社会科公民「A 私たちと現代社会」、保健分野「心身の機能の発達と心の健康」、道徳「C 家族愛、家庭生活の充実」や特別活動「イ男女の理解と協力」等と関連を図る。

❺ 教材・教具について

①ワークシート（資料①）

②ドラマや映画、アニメ、新聞記事に登場する「多様な家族」の実例

❻　**評価・評価資料**

①**評価**

【知識・技能】多様な家族の事例やデータ、日本における社会的な支援の仕組み等について、資料を見て理解できる。

【思考力・判断力・表現力】未来の自分と家族のかかわりや自分の生活に関心をもつことができる。

【学びに向かう力・人間性】他者の意見を聞き、自らのよりよい人生の設計を目指そうとする。

②**評価資料**　　観察、発表、ワークシート

❼　**指導案**

段階	学習内容・活動	教師のはたらきかけ	評価・評価資料等
導入5分	○中学卒業後の自分の生活を想像し、ともに暮らしている人と、生活のしかたを考えてみる。	○10年後（23歳）と、30年後（43歳）の自分の生活について具体的に考えさせる。	
展開35分	○小グループで自分の考えを発表しあい、様々な形に変化する暮らしや家族を想像する。	○自由に考え、イメージしたことをワークシートに記入させ、グループでシェアさせる。	家族の変化を具体的に予想し、まとめている。 ＊観察、ワークシート ＊発表
	○「家族」とは何か、考えさせ、全体に発表する。	○「ひとり暮らし」以外は「家族」なのか、「家族」とはどんな存在と言えるか、グループごとに話し合った内容を発表させる。	
	○現代日本の暮らし方の実態を知り、少数派だが多様な家族の存在を知る。	○実際の日本の世帯に関するデータを示す。 ○生徒が予想できなかった少数派の家族や暮らし方の実例を紹介する。（生徒の各家庭事情について要配慮）	多様な家族の事例やデータ、日本における社会的な支援の仕組みについて、資料を見ながら理解できている。
	○様々な家族の暮らしを支える社会の仕組みと課題について学ぶ。		
まとめ10分	○自分が想像した未来の家族や暮らしのために、今後どのような学びや工夫が必要か、考えたことをまとめる。		未来の自分と家族のかかわりや自分の生活に関心をもって考えている。

❽ 授業を進める上での留意点

①家族との別れを経験した生徒や、実親以外の保護者との暮らし、養子縁組や里親委託、外国人の子ども、障がいのある家族の存在など個々の家庭環境や事情、生徒の気持ちなどを、可能な限り事前に把握し、事例の紹介方法や内容を考える。

②少数派の家庭の事情を想像できない生徒の意見や発言に対するフォローも考えておく。

③家族関係を支える社会の仕組みについては、子ども家庭支援センターや福祉施設など、各自治体の実例を紹介する工夫をする。

❾ 資料

資料① ワークシート　自分の成長と家族について考えてみよう！

1．10年後（23歳）、30年後（43歳）の自分は誰とどんな暮らしをしているだろう。

〈誰（年齢や関係）と、どこ（場所や家）で、どんな（仕事や趣味）生活をしているかな？〉

　　　　～23歳の自分の暮らし～　　　　　　　　～43歳の自分の暮らし～

2．どんな人が「家族」と言えるか、考えてみよう。

　①わたしの考えを書いてみよう。

　②他の友だちの考えをメモしてみよう。

3．資料を見て、分かったことをまとめよう。

　①日本の「世帯」の特徴

　②様々な家族や暮らしの例

　③わたしたちの地域にある、家庭を支える仕組み

4．未来の自分の家族や暮らしのために、あなたはどんなことを学び、どんな力をつけた
　　いですか？　考えをまとめてみよう。

⑨性情報と社会環境

学級活動

❶ **主 題 名**

「危ないよ！その情報メール」

❷ **主題について**

　スマートフォンやパソコン等、インターネットを利用して、見知らぬ者同士が容易に交友が深められる SNS を通じて、自撮りした裸の写真等を交換したり、下着の売買やいわゆる援助交際の相手を求める書き込みをして、トラブルに巻き込まれる生徒が少なくない。中には、趣味や仕事の仲間など、交友関係や視野を広げるために有用なものもあるが、援助交際など性や金銭にかかわる犯罪につながるものもある。情報化社会の利便性を安全に活用するためには、情報サービス内容や背景を十分に知っておく必要がある。そこで、「出会い系サイト」には、どんな危険性をもったものがあるかを理解させ、性犯罪に巻き込まれないようにするための、情報への判断力と予防的に行動する力を養いたい。

❸ **本時のねらい**

①性に関する情報には興味本位や悪意をもったものがあることを知り、出会い系サイトの危険性について理解する。

②性犯罪に巻き込まれないための情報判断力や予防的な行動のしかたを学ぶ。

❹ **他の学年・教科・領域との関連**

　第1学年の学級活動の指導事例⑥「性情報への対処」を踏まえ、本時においては情報に対して安全に対応するための判断力を身に付け予防的な行動力を培うとともに、次時の学級活動での指導事例⑩「性の悩みへの対処」の内容につなげるように取り扱う。また、この内容は第1学年の道徳の指導事例⑤「異性の理解と協力（平等)」との関連を図って指導する。

❺ **教材・教具**

①事前アンケート（資料①）

②新聞記事例（資料②）

③警視庁の異性紹介サイト（出会い系サイト）利用者への規制の条文（資料③）

④ワークシート（資料④）

❻　**評価・評価資料**

①**評価**

・性犯罪の現状を知り、巻き込まれないために情報の判断や予防的な行動について自ら考えている。

・自己の課題としてとらえ、他者の考えを受け解決に向けて取り組むことができる。

②**評価資料**　　ワークシート、観察

❼　**指導案**

段階	学習内容・活動	教師のはたらきかけ	評価・評価資料等
導入 5分	○生活班で話し合いのグループを作る ○スマートフォン等のメールや LINE が便利だと思った体験を発表する。	○発表しやすいように、資料①のアンケートを事前にとっておき、その集計を模造紙に書き提示する。 ・提示されたものを見ながら2〜3のグループに発表させる。 ・便利なものであることを確認する。	
展開 40分	○反対に、スマートフォン等のメールや LINE が招くトラブルがあったら、ワークシートに書き発表する。 ・チェーンメール ・掲示板の中傷 ・写真を撮られて転送されたなど ○資料②の事例について問題点と対処を話し合い、発表する。 〈事例1〉 ・怖い、嫌な思いを相手にさせる。 ・嘘の内容を発信してしまう。	○資料④ワークシートを配付し、1に記入させ、発表させる。 ・2〜3の意見を出させる。意見が出ないようなら、「チェーンメールを知ってる？」と声をかけたり、ブログや掲示板の誹謗中傷の事件例を話す（掲示板に友達の写真・悪口を書き込んで加害者になってしまうことなど）。 ○ワークシートの2に記入させる。実際の被害にあうかもしれないことや加害者になる可能性も示唆する。 ・文字だけの書き込みは、直接会って伝えるのと違い、相手が見えないためにどのように受け止められるか分からない。 ・書き込む前に誰かを傷つけることにならないか、自分が言われたらどういう気持ちになるか考えさせる等の助言を行う。	スマートフォン等のトラブルについて意欲的に学習している。 ※観察 自らのこととして考え、まとめ、文章にすることができる。

展開 40分	〈事例2〉 ・軽い気持ちでアクセス・返信しない。 ・来たら相手にせず削除する。 ○〈事例1〉と〈事例2〉についてそれぞれ代表者が発表する。 ○実際の場面での対応策を考える ・ワークシートの〈事例3〉を読んで問に答える。 ・ワークシートに沿って、自分だったらどう対応するか考える。それを発表する。 「見ない、書かない、会わない」を確認する。 ○スマートフォン等を使った「出会い系サイト」は、危険なことも多いことに気づく。	・事例2で、中学生でもアクセスした生徒がいることを知らせる。 ○問題点と対処のしかたに分けてまとめる。 ○会ってしまうと、強制わいせつや誘拐などの事件に巻き込まれる可能性がある。やりとりをしていくと、だんだん相手のことが分かった気になる。それが相手のねらいということを強調する。 ○ここで資料③を示し、児童生徒を性犯罪の被害から守るため、「異性紹介サイト規制法」により、18歳未満の利用は禁止されていることを教える。 ○名前も住所も隠したままで、様々な異性と交際できるシステムは、犯罪者にとって便利なものであることに気づかせるように話す。	自ら実際の場面での対処のしかたを考えている。 ※観察、ワークシート
まとめ 5分	○本時で学習したことをワークシートの4に記入し、まとめる。	○スマートフォン・パソコンやインターネットを利用した、「性に関する犯罪」が多いことに再度注目させる。	

❽ 授業を進める上での留意点

①実際に起こった事件の例を紹介する際はできるだけ地域で起きた身近に感じる記事を準備するとよい。ただし、その際には個人が特定されたりしないように配慮する必要がある。

②時間がゆるせば、出会い系サイトの指導では台本を用意してロールプレイングを行うのも効果的な学習方法である。

③生徒から経験談が出ない場合はあまり時間をかけず、すぐに準備したプリントを出す。

④規制法の説明についてはポイントだけを示し、詳しい説明は省くようにする。

❾　資料

資料①　事前アンケート

1．あなたはスマートフォンやパソコンを持っていますか？　（はい　　いいえ）

2．スマートフォンやパソコンが便利だと思うのはどんな時ですか。

3．どのくらいの頻度で使いますか。（1日に　　　　時間程度使う）

資料②　新聞記事例

〈事例1〉　掲示板での中傷例

　　○○市××区の市立中学に通っていた3年生の男子生徒（15）が、今年10月、インターネットの掲示板で名指しで中傷された上、同級生から暴行を受け、別の中学校へ転校していたことが13日、分かった。6月ごろから無視されるなどのいじめを受けていたが、学校側は実態を把握していなかった。生徒の家族は警察署に被害届を提出、同署は侮辱容疑で捜査している。

　　同校によると、10月5日から15日にかけて、同校関連の話題を扱う掲示板で、実名入りで「死ね」などと中傷する書き込みが複数回あった。同校は9日、匿名のメールで「悪質な書き込みがある」と指摘を受けて調査。在校生による書き込みと判断し、警察を通じて掲示板の管理者に削除を依頼した。

　　生徒は同12日、同級生5人から書き込みを巡って脅されたり、顔を殴られる暴力を受けた。その後、1か月ほど学校に行けない状態が続いたため、家族は市教委と相談し転校を決めた。

　　また、別の区の市立中でも先月、生徒同士の悪口が掲示板に書き込まれているのがみつかり、警察を通じて削除を要請している。

〈事例2〉　出会い系サイトの事例

　　警視庁少年育成課は、インターネットの出会い系サイトに交際を勧誘する書き込みをしたとして、出会い系サイト規制法違反の疑いで、○○県内の公立中学3年の女子生徒（15）を書類送検した。

　　警視庁によると、2003年9月施行の同法違反容疑で18歳未満が摘発されたのは全国で初めてである。

　　未成年者の書き込みはサイトの管理業者が削除することが多いが、今回は記録が残っていた。生徒は「遊ぶ金が欲しかった」と供述している。

　　また警視庁は、1日までに、この生徒にみだらな行為をしたとして児童買春禁止法違反の疑いで、男を逮捕した。

　　調べでは、女子生徒は1月16日夜、○○市の会社が運営する出会い系サイトに「3万円くれる人募集」などの文章と自分の携帯電話の番号を書き込んだ疑い。

資料③ 「出会い系サイト規制法の改正」より抜粋

※出会い系サイトとは

　異性交際を希望する者の求めに応じ、その異性交際に関する情報をインターネットを利用して公衆が閲覧することができる状態に置いてこれに伝達し、かつ、当該情報の伝達を受けた異性交際希望者が電子メールその他の電気通信を利用して当該情報に係る異性交際希望者と相互に連絡することができるようにする役務を提供する事業。

8　このような書き込みは禁止されています

　出会い系サイトに次のような書き込みをすることは、禁止されています。また、①から④の書き込みをした者は、大人でも児童でも処罰の対象となります（100万円以下の罰金）。

❶ 児童を性交等の相手方となるように誘引する書き込み

《例》エッチできる女の子。㊥(注1)希望。（38歳・男性）

❷ 人を児童との性交等の相手方となるように誘引する書き込み

《例》わたしとHしたいおじさんいませんか？（17歳・高2女子）

❸ 対償を供与することを示して、児童を異性交際の相手方となるように誘引する書き込み

《例》何でも買ってあげるからおじさんとデートしない。☆女子中生募集☆

❹ 対償を受けることを示して、人を児童との異性交際の相手方となるように誘引する書き込み

《例》￥3〜で男の人とデートしてもいいよ！　16の♀だよ

❺ 「性交等」や「対償の供与」が含まれていない児童にかかわる異性交際を誘引する書き込み

《例》僕とつきあってくれるJC(注2)・JK(注3)はいないかな…
《例》中2の女子です　　彼氏募集します

これらの書き込みは、出会い系サイト事業者による公衆閲覧防止措置の対象となります。
　（注1）　中学生を意味する隠語
　（注2）　女子中学生を意味する隠語
　（注3）　女子高校生を意味する隠語

https://www.caa.go.jp/policies/policy/consumer_policy/policy_coordination/internet_committee/pdf/110928shiryo4_2.pdf

資料④　ワークシート

「危ないよ！その情報メール」ワークシート　　　　　年　　組　名前

---

1. スマートフォンやパソコンのメール等でトラブルになったことがありますか？
　　はい　　　　　　　　　　　　　　　　　　　いいえ
　　どんな内容ですか。

2. 資料②の〈事例1〉と〈事例2〉を読んでその問題点と対処のしかたを考えましょう。

	問題点	対処のしかた
事例1		
事例2		

3. 次の〈事例3〉を読んで問に答えましょう。
　　なんかつまらなかったので、掲示板でみつけたやさしそうなお兄さん風の人に、メールを送ってみました。すると、すてきな返事が返ってきました。メールをやりとりするうちに、私の話をなんでも聞いてくれて、自分の気持ちの中ではとても親しくなっているように感じました。そのうち、向こうから「会って話しようよ」と誘ってきました。きっとやさしい人に違いないと思って行ってみたら、年齢もイメージも全然違う人でした。「A子ちゃん、じゃ行こうか」と言われて、私は立ちすくんでしまいました。

　問1　この事例で対応が間違っているところはどこだと思いますか。下線を引き、番号を
　　　　ふってください。

　問2　下線部のそれぞれについて、どうすればよかったと思いますか。
　　下線部の番号

4. 本時の学習で分かったことをまとめなさい。

⑩性の悩みへの対処

学級
活動

❶ 主 題 名
「私って、他の人と違っている？」

❷ 主題について
　思春期になると、自分の体の変化や性について関心をもったり、悩みをもったりするようになる。また、自我に目覚めるこの時期は、自己主張も出てくる。このような時期には、性に対する悩みがあっても人に相談することができずに、一人で悩み続ける生徒もいる。そこで、思春期には、誰もが性に対して同じように興味や悩みをもっていることを理解させ、自己理解を深めていくことにより様々な自他の不安や悩みを出し合い、互いに話し合い、人の悩みを自分のことのように共感して考え、不安や悩みに適切に対処していける能力や行動がとれるようにする。

❸ 本時のねらい
　①思春期の心や身体の変化とそれに伴う不安や悩みをテーマに設定し、ロールプレイングを通して友達に打ち明けることでお互いの理解を深める。
　②お互いの性への興味や悩みを共有し課題解決に向けた行動選択ができるようにする。

❹ 他の学年・教科・領域との関連
　1学年の道徳の指導事例⑤「異性の理解と協力（平等）」の授業の内容を踏まえ、2学年の本時においては「性の悩みへの対処」の視点からの題材を扱い、学級活動での指導事例⑫「人間関係スキルの育成」の内容につなげるよう取り扱う。また、この内容は次時の道徳の指導事例⑪「自己の性の受容」との関連を図って指導する。

❺ 教材・教具
　①ロールプレイングの行い方と配慮事項（資料①）
　②ロールプレイングシート（資料②）
　③ワークシート（資料③）
　④最近の不安や悩みについてのアンケート（資料④）

❻　**評価・評価資料**

　①**評価**

　　・思春期では、様々な不安や悩みに直面するが、自ら乗り越えることで成長につながることを理解できる。

　　・自らの性に関する悩みを受け止め、友人の多様な考えを聞こうとしている。

　②**評価資料**　　観察、ワークシート

❼　**指導案**

段階	学習内容・活動	教師のはたらきかけ	評価・評価資料等
導入 5分	○本日の授業方法を知る。 ○アンケートの集計結果を見て、自分の体や心がどのように変化してきたかを考える。 ○自己に起きている性に関する悩みにはどのようなことがあるか考え、ワークシートの1に記入する。（個人）	○身体や性の悩みに限定せず、中学生の時期に起こる様々な心の変化について事前にアンケート（資料④）を実施し、集計しておく。 ○ロールプレイングで性の悩みについて考えることを知らせる。 ○事前アンケートの集計結果を提示し、自己の体や心の変化を考えさせる。 ○性に対する悩みは個人差があることや、自分だけが抱えているものではないことを理解させ、安心感を与えるようにする。	思春期に起こりやすい悩みについて理解できる。
展開 35分	○なぜ、性に関する悩みが起こってくるかを考え、ワークシートの2に記入する。（個人） ○ロールプレイングの配役が決まったらロールプレイングシートに記入する。 ○ロールプレイングを行い、他の人はそれを見学して考える。 ○性に関する悩みをどのように解決したらよいか、ロールプレイングシートに記入する。（個人）	○アンケートの悩みの中から特徴的な内容を取り上げロールプレイング用のシナリオを準備しておく。 ○ロールプレイングに出演する人を決め、シナリオを配付して説明する。 ○配役が決まらない場合は各グループ一人などの方策を考えておく。 ○ロールプレイングを見学しながら自分であればどう答えるかを考えさせる。 ○まとめ役の先生の話す内容については、授業のまとめの言葉になるようにシナリオを作成しておく。	スマートフォンのトラブルについて意欲的に学習している。 ※観察 ロールプレイングに積極的に取り組むことができる。 自分の課題としてとらえ、よりよい解決の方法について考えている。
まとめ 10分	○性に対しての興味や悩みをもつことは、大人になるために大切な段階であることを理解する。ロールプレイング終了後ワークシートの4に感想や理解した内容を記入する（個人）。	○意見をどう思ったか観察していた生徒に問いかけ、自分だけが悩んでいるのではないことを理解させる。 ○様々な不安や悩みを解決していくことが、自分の人間としての成長に確実につながることになることを理解させる。	不安や悩みは誰にもあり、それを解決しようとすることが自分の成長につながることを理解できる。 ※授業観察、ワークシート

❽ 授業を進める上での留意点

①自分の身のまわりに目を向けさせて、自己の変化や友達の成長について気づかせるように助言する。

②アンケートは事前にとり、授業に活用する内容のみ集計し授業で提示する。

③教師の中学生時代の日記・文集などを用意し、自分の経験などを交えて授業を進行する。

④机間巡視しながら生徒の意見を拾い上げ、活発な意見交換がなされるよう配慮する。

⑤性に関する悩みは、無知や正確な知識の欠如などから起こることが大半であることを強調しておく。

⑥男女別グループに分け、男子と女子の性に対する悩みを対比させると課題がより鮮明になると思われる。そのことを男女相互の理解にもつなげたい。

⑦ロールプレイングでは、悩み役の生徒には男子や人前でも恥ずかしがらないような生徒を選出する。また、各グループごとでそれぞれにロールプレイングを展開することも考えられる。

⑧悩みなどを抱いたときには、よりよい解決のために早期に信頼できる相談相手をみつけ、相談することが大切であることを伝える。

⑨性への興味や悩みは誰にもあることで、それは特別なことではないこと、まじめに考えることは自分を人間として成長させることにつながることを、授業全体を通して感じさせるようにする。

❾ 資料

資料① ロールプレイングの行い方と配慮事項

1. 配役について
 ・配役になりきれる人材を日頃の生活の様子から探しておく。
 ・代表の生徒がロールプレイングを行った後、各グループで配役を決めて行うようにする。

2. 場面設定（図）　　　　　⑤教卓　まとめ役の教師E
 ①悩み役の生徒A　　　　　　　　　　　　③悩み役の生徒B
 ②相談役のお父さんD　　　　　　　　　　④相談役生徒C
 ※丸数字の順でロールプレイングを展開し、最終演技者はいかなる場合も教師役で完結させるようにする。

3. 進め方、行い方の注意事項など
 ・ロールプレイングを通して、活発な意見のやり取りを展開させるようにする。
 ・シナリオはある程度用意するが、役者の自由な発想に期待し、アドリブも許可する。
 ・相談役生徒Cは、女子と男子を交互に役割を振ることが大切である。女子と男子の性への興味や関心の違い、それぞれの考え方に個人差があることを理解させることも大事なポイントである。
 ・教師役の生徒には、指導者の経験を含めた模範解答を準備し、役を演じさせるとともにロールプレイングを完結させる役割と悩みを解消する役割があることを理解させる。
 ・事前に養護教諭に協力を依頼し、教師役や生徒役など、配役に加わってもらうようにする。

資料②　ロールプレイングシート　　　「私って、他の人と違っている？」例

役　　　柄	内容・せりふ
悩み役の生徒A君	最近、自分の体に変化が出てきて不安に感じていることがある。例えば、いろいろなところに毛が生えたりしてきた。また、夜寝ていると夢に女の人の裸がよく出てくるようになったと一人で悩む。（アドリブも入れる）
悩み役の生徒B君	最近、クラスの中に気になる女の子ができた。夢にも出てくるようになってきた。そんな自分は、他の人と違って変なのかと一人で悩む。（アドリブも入れる）
相談役生徒Cさん	B君から、相談された生徒のCさんは、B君の気持ちも理解し、気になる女の子の気持ちも分かるという設定。（アドリブも入れる・相談役は何人かに割り振る）
相談役のお父さんD君	A君の相談を受けたお父さんが、自分の経験を話すとき、その内容は先生の経験をもとに決めておく。それを、読ませる。
まとめ役E先生	二人の興味や悩みは、大人になる上では大切な段階であり、その悩みを解決していくことが大切なことであることを告げる。そして、一人で悩むのではなく、信頼できる大人に相談することが大切であることを伝える。

あなたが相談されたらどう答えますか。

ロールプレイングを見ての感想や分かったことを書きましょう。

資料③　ワークシート

一人で悩むのはよそう！　　　　　　　　　　年　　組　名前

---

1. 性に対して悩んでいることは、何かありますか。

2. なぜ、悩んでしまうのか考えてみましょう。

3. 悩んだら、どのように対処していますか。
　　①一人で悩む
　　〈それはどうしてですか〉

　　②友達に相談する
　　③大人に相談する
　　④忘れるようにする（例えば）

4. 授業での感想・学んだことを書きましょう。

資料④　アンケート　最近の不安や悩みについてのアンケート

私って、他の人と違っているみたい！　　　　　　　　年　　組　名前

1. 最近いちばん楽しいこと

2. いちばんほっとするとき

3. 自分に腹が立つこと

4. うらやましいと思うこと

5. 最近いちばん感動したこと

6. 目標にしたい人

7. モットー

8. 夢中になっていること

9. 最近いちばんよく抱く感情

10. 自分のテーマソング

11. 学校について思うこと

12. 自分の好きなところ

13. 自分の嫌いなところ

14. 将来の夢

15. 最近の悩み

中学校 **2** 年生

⑪自己の性の受容

道徳

❶ 主 題 名

「自分はどんな人間？」― 男子のよいところ・女子のよいところ ―

❷ 主題について

　人がよりよく生きるためには、自分自身を認め、自己有用感を高めることが必要である。

　中学生の時期は体や心の変化が急激であり、性的な発達も大きい。身体の発育、変化に比べて心の成長が追いつかずに悩んだり、自己の性や異性について、嫌悪感や受け入れがたさを感じる例もみられる。

　そこで、ここではグループによる話し合いの形で自分やグループ員に当てはまる肯定的な言葉を選択させることにより、自分自身をみつめる機会を設定し、人それぞれ違いがあり、それぞれのよさがあることに気づかせる。

　また、男女別のグループに分かれて、男性、女性それぞれのよさと性の多様性を考えさせ、そのことによってそれぞれの性を受容し、それぞれの個性や立場を尊重し、異性についての理解を深め、人間関係を深めていくことができるようにする。

❸ 本時のねらい

①自分の性について理解を深め、それを受容する気持ちを養うとともに、一人一人の性心理の違いを理解する。

②一人一人が互いに相手の性を尊重する態度を養い、人間関係を豊かにする。

❹ 他の学年・教科・領域との関連

　前時指導事例⑩「性の悩みへの対処」を踏まえ、より一層自己の性に対する考え方を深める。自己への愛から、さらに他への愛、人間愛へとつなげる。

　また、道徳の指導事例⑬「異性への理解と協力（関心）」や１年時の道徳の指導事例⑤「異性の理解と協力（平等）」と関連を図る。

❺ 教材教具について

①ワークシート１「どんな人間だろう？」

②ワークシート２「男子の良いところ、女子の良いところ」

❻　指導案

段階	学習内容・活動	教師のはたらきかけ	評価・評価資料等
導入 5分	○「火事だ！ どうする？」あなたならいちばん先に何を持って逃げますか？ ・人によって、大切なものには違いがあることを知る。	○もし、家で実際に火事になり、何かひとつだけ持って逃げられるとしたら何を持って逃げますか？と問いかける。 ○自分がいいと思っていることも、人によって違うことがあることを理解させる。 ・その価値観の違いに良い悪いはないことを強調する。	
展開 40分	○自分はどんな人間かワークシートに言葉を3つ選んで記入する。 ・次にグループの人の特徴をそれぞれ3つ選ぶ。 ・グループの中で発表し、自分のカードを完成させる。 ○自分が人からどう思われているか、感じたことを表にまとめる。 ○グループを男女別に変える。 ○男子に生まれて良かったところ、女子に生まれて良かったところをそれぞれのグループに考えさせる。 ○グループでまとめて発表する。	○生活班を利用する。 ○必ず3つ言葉を選ばせる。 ・欠点も裏を返せば長所であり、いい言葉に置き替えて考えられることをアドバイスする。 ○男女それぞれの良さを考えるため、男女別のグループに変えるように指示をする。 ○まず、個人で考えさせる。その後、グループ内で発表し合うようにする。 ○同性、異性それぞれから、男女の良さを聞き、自己有用感をもたせるようにする。そして授かった性を大切に生きることに結びつける。 ○男女のそれぞれの良さ、その人らしさを大切にする。	ワークシート1 他の班員の記入内容を意識せずに、自分の考えで選択している。 一人一人が自分の考えをグループ内で発表している。 ワークシート2
まとめ 10分	○グループの発表を聞き、自分の考えをまとめ、ワークシートに記入する。	○今日の授業で感じたことを思ったまま、素直に記入させる。	ワークシート2 他班の発表を聞き、自分が感じたことや考えたことをワークシートに記入している。

❼　授業を進める上での留意点

① ワークシートを活用して、学習を進める。記入する際は十分に時間をかける。

② ワークシート1「どんな人間だろう？」の指導時には、当てはまる言葉を3つずつ必ずあげさせることで、気持ちのよい言葉を級友からかけられ、自己肯定感につながる。ここでは十分に時間をとり、記入できていない生徒がいないようにする。

③この表の例にあげられてない言葉でも、良い言葉であれば、書かせてもよい。悪い言葉はあげさせないようにし、良い言葉に言いかえて記入するように指導する。

❾ 資料

① ワークシート1

「どんな人間だろう？」　　　　　　　　　　　　年　　組　名前

<table>
<tr><td></td><td>の中の言葉から、自分やグループの人に当てはまると思うものを下の表の左側に記入しよう。記入し終わったら班の中で発表し合い、カードを完成させよう。</td></tr>
</table>

強い	かわいい	やさしい	頼りがいがある	気がきく	すてき
きれい	明るい	力持ち	勇敢	かっこいい	家庭的	親切
冷静	さわやか	おおらか	視野が広い	ユーモアがある	誠実
個性的	活発	注意深い	あたたかい	がまん強い	静か
真面目	思いやりがある	正直	心が広い	楽しい	素朴
意志が固い	愛想がよい	公平な	きどらない	落ち着いている
エネルギッシュ	社交的	責任感がある	信念がある	決断力がある

私が選んだ班員の個性			班員の名前	班員が選んでくれた「私の個性」		
			自　分			

自分はどんな人間だと思っていますか	自分はどんな人間だと思われていますか

資料②　ワークシート

「男子の良いところ、女子の良いところ」　　　　　年　　組　名前

男の子に生まれたら（生まれて）こんなところが良いと感じられることをあげてみよう。
・
・
・

班の他の人の意見	班のまとめ「男の子の良いところ」
・ ・ ・ ・ ・	

女の子に生まれたら（生まれて）こんなところが良いと感じられることをあげてみよう。
・
・
・

班の他の人の意見	班のまとめ「女の子の良いところ」
・ ・ ・ ・	

これから、自分は人として、どんなふうに生活していきたいですか。

授業の感想

中学校 2 年生

⑫人間関係スキルの育成

学級
活動

❶ 主 題 名

「こんなときどうする？」

❷ 主題について

　中学2年生頃になると、性成熟の発達とともに男女の身体的な特徴が顕著になる。同時に異性への関心やあこがれも高まるが、異性を強く意識するようになることに伴い相手に対して、自分らしく振舞うことができなかったり、うまく表現できずに相手を困らせたり、嫌な思いをさせたり、自分の思いと違う行動や態度をとったりすることも起こる。

　このことから、異性への意識や関心の発現時期や程度には個人差や男女差があることを理解させた上で、コミュニケーション能力を高め、それを踏まえて互いに理解を深め、男女が互いに尊重し協力する人間関係を築いていく態度を養うことが大切である。

　そこで異性との様々な場面を例示し、そのセリフのシナリオづくりやロールプレイングによる発表を通して、男女の望ましい人間関係を築くための体験をさせ、今後の異性との望ましい人間関係の在り方への理解を深めさせたいと考え、本主題を設定した。

❸ 本時のねらい

①異性への関心は個人差・男女差があることへの理解を深める。

②男女の望ましいかかわり方を気づかせ、今後の異性との望ましい人間関係の在り方を考える。

❹ 他の学年・教科・領域との関連

　保健体育の指導事例④「思春期の心」、道徳の指導事例⑤「異性の理解と協力（平等）」との関連を図る。また、3年時学級活動の指導事例⑱での「異性の理解と協力（かかわり）」の学習につなげる。

❺ 教材・教具

①異性への関心（資料①）

②人とのかかわりについて（資料②）

③ワークシート（資料③）

❻　**評価・評価資料**

①**評価**

・異性への関心の高まりやその性差、個人差について理解できる。

・異性とのかかわりを円滑に進めるため、他者の考えを受容し、自ら望ましい行動を
　とろうとしている。

②**評価資料**　　観察、ワークシート、感想文

❼　**指導案**

段階	学習内容・活動	教師のはたらきかけ	評価・評価資料等
導入 10分	○本日の授業の目的を知る。 ・男女別に4〜5名程度のグループをつくる。	○「異性への関心」（資料①）のグラフを示し、表題を言わず何のグラフか生徒に考えさせる。 ・この時期には、異性との交友を望む気持ちもあらわれるが、一方で自分の欲求や感情をうまく表現できないため、自分の思いと違う行動や態度をとることがある。異性との人間関係の在り方について考える機会としたいと説明する。 ・男女別グループをつくらせる。	
展開 30分	○異性とのかかわりについて、これまでの自分たちの行動を振り返って考える。 ・「異性からされてうれしかったこと、嫌だったこと」をグループでブレインストーミングする。 ・うれしかったこと：注目された、話しかけられた、プレゼントをもらった、など。 ・嫌だったこと：容姿のことを言われた、無視された、つきまとわれた、女（男）だからと言われた、など。	○グループで意見をまとめさせ発表させる。 ○資料②を見て、人間は人とのかかわりの中で、「快」を求め「不快」を避けようとする行動をすることに気づかせる。1年時の保健体育「思春期の心」で既習した内容を思い出させて関連づける。 ○言語によるコミュニケーションと非言語によるコミュニケーションがあり、そのどちらも人間関係では大切な機能をもっていることを理解させ、出された行動を項目ごとに集約する。	グループ活動に積極的に参加し、取り組もうとしている。 ※観察

展開 30 分	○対人関係形成におけるコミュニュケーション機能の大切さを理解する。 ○具体的な場面でのコミュニュケーションスキルを学ぶ。 ・資料からグループで1課題を選び、セリフのシナリオをつくる。	○対人関係形成のステップと異性との人間関係形成との関連から考えさせ、意見を述べさせる。 ○「こんな場面に出合ったとき、どうしたらよいか考えてみよう。」 （資料③シナリオ用ワークシート） ・1課題を選ばせ、セリフを4～5往復程度考えさせ、模造紙に書かせる。	シナリオ用ワークシートの場面に合わせてセリフを考えようとしている。 ※観察、ワークシート
	○ロールプレイで発表し、意見を交換する。	○それを黒板に貼り、ロールプレイングによる発表をさせる。 ・感想や意見を述べさせる。	
ま と め 10 分	○異性への関心は、個人差・男女差があることを確認する。 ○男女が互いに相手を尊重し、人間関係スキルを実践的に身に付け、異性との望ましい人間関係を築くことが大切であることを理解する。	○本日の授業をどう生かしていくか感想用紙に記入させる。	個人差・男女差を正しく理解しようとしている。 ※感想用紙

❽ **授業を進める上での留意点**

① 性差や個人差については指導事例④、⑪の内容で扱っているので深入りは避ける。

②シナリオは、事前に子どもたちに様々な状況のケースをつくらせておき、そこから選択してもよい。

③「こんなときどうする」シナリオ用ワークシートは、各場面をマンガ等にしてセリフを入れられるようにしてもよい。

④シナリオはグループごとに選ぶのではなく、１つだけ選んで、それについて各グループにセリフのシナリオをつくらせると考え方の違いが出るので、興味を引く展開にしやすい。

⑤対人関係形成のステップは、最初は相手に関心を向け、次に相手の情報を得られるように接触し、コミュニケーションを踏まえて理解を深め、相手との信頼関係を形成していく。これは、異性との人間関係形成においても同じであることにもふれる。

⑥関心の対象は異性だけには限らないことにも軽くふれる。

（※特別扱いや、少数派扱いはしない）

❾　資料

資料①　異性への関心（中学３年生の場合）

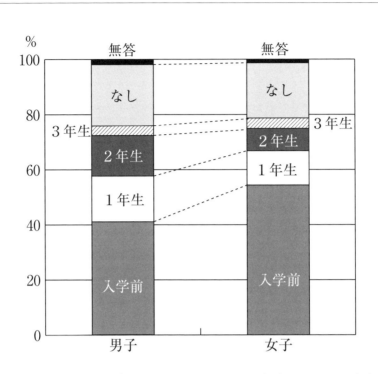

あると回答した生徒は、１年生のとき男子…16.6％、女子…12.4％、２年生のとき男子…14.7％、女子…8.1％、３年生になって男子…3.5％、女子…3.8％。関心なしが男子22.2％、女子20.0％であった。

（東京都性教育研究会 2014 年調査報告）

資料②　人とのかかわりについて

・人間は人とのかかわりの中で「快」の感情を求め行動する。

　「快」の感情・・・注目、受容、尊敬、信頼、愛される等

・人間は人とのかかわりの中で「不快」の感情を避けようとする行動をする。

　「不快」の感情・・・無視、排斥、拒否、叱責、軽蔑される等

・人間は、他の人とかかわることによって得られる「快」感を求め、「不快」を避けようと行動する。しかし、ときとして「快」感が充足できない場合には、「不快」に耐え、充足を断念するなどの現実的な対応をしていこうとする。このように成長の過程で現実への適応のしかたを学習していく。

資料③　「こんなときどうする」シナリオ用ワークシート（表）

場面・状況 「こんなときどうする」	異性との望ましい人間関係の在り方 「どういう言葉・態度・表情をしますか？」 ・4〜5往復のセリフをつくってみよう。そして演じてみよう。

①「自分ではあまり意識していない女子から、好きだからつき合ってほしいと手紙を渡された。どうすればよいか。」

②「男子と二人で遊びに出かけて、夕刻になったので女子が帰ろうと言ったが、まだいいじゃないかと、男子は帰りたがらない。どうすればよいか。」

③「男子に、女子はおしゃべりでうるさいと言われて、男子は乱暴でエッチだと言い返し、けんかになった。でも本当は仲良くしたい。どうしたらいいか。」

ワークシート（裏）　感想用紙

【本日の授業を今後の生活にどのように生かしていこうと思いますか。書いてください。】

年　　組　名前

中学校
2年生

⑬異性の理解と協力（関心）

道徳

❶ 主 題 名

「アイツと俺」

❷ 主題について

　中学2年生では、この時期思春期にさしかかり、発達の個人差はあるものの異性等に対する興味や関心が高まり、またこれらに伴って反抗的な気持ちをもったり、自我意識が強くなり、自分の判断や意志で行動しようとしたりすることが多くなる。

　しかし一方では、表現力の発達が伴わず、自分の思いをうまく表現できずに、相手に誤解を与えてしまうような言動をとることもある。また、日常生活の中で不自然な異性との接し方もみられる。

　心の中では理解しているはずなのに、それをうまく相手に伝えられないもどかしさの中で、生徒は悩み苦しむこともある。

　相手の人格を認め、思いやりをもって、人間として尊重していくことの大切さに気づかせたい。

❸ 本時のねらい

　①互いに理解を深め相互の特性を尊重することが、望ましい異性観につながることに気づく。
　②相手の人格を認め、思いやりをもって、互いに向上していこうとする心の在り方が大切であることを考えることができる。

❹ 他の学年・教科・領域との関連

　1学年保健体育で「思春期の体の変化」、「思春期の心」（指導事例③④）を学ぶが、外的発育、変化、成長と心の発育、変化、成長の両面から理解できるようにさせたい。また、技術・家庭科での「保育」の学習の前段階として、性の特質と、家庭生活や家族の営みについて理解し、互いに思いやりをもった中学生の時期のよりよい交際についても考えさせる。道徳の指導事例⑭の「多様な性」との内容にも関連づける。

❺ 教材・教具について

　①「アイツ」『中学生の道徳　自分を見つめる1』（資料①）
　②ワークシート（資料②）

❻　指導案

段階	学習内容・活動	教師のはたらきかけ	評価・評価資料等
導入 10分	○人を好きになるということについて考える。	○人を好きになるってどんなことだろう。 ・気になる。 ・話したい。	自分の意見をもち、発表をしようとしている。
	○どんな人が好きか出してみましょう。	○自由な雰囲気で発表させ、それぞれの意見を受容する。	他の生徒の意見を受容しようとしている。
展開 30分	○資料②を読む。	○資料範読。 ・家が近所で幼なじみでもあった二人の関係を押さえるよう留意しながら、範読する。	
	○授業参観のことを母に言われたときの真一の気持ちと、そのとき真一は何を考えたか。	○夏樹に対してどう思ったかを中心に考えさせる。 ・忘れていた。 ・まずい。 ・よけいなこと言うんじゃない。	ワークシート問1 主人公の気持ちになって考えようとしている。
	○夏樹に対して不満を言い、怒鳴ってしまった後の真一の気持ちを考える。	○怒鳴ってしまった自分自身に腹を立てている気持ちを理解させる。 ○気まずく、いたたまれない気持ちを感じさせる。	ワークシート問2 ワークシート問3
	○夏樹と気まずくなりすれ違いの日々を過ごしているときの真一の気持ちを考える。	○いつも気が強いと思っていた夏樹の意外な面を知ったことに気づかせるようにする。	主人公の気持ちの変化を理解しようとしている。
	○夏樹がハンカチを投げてくれたときの真一の気持ちについて考える。	○お節介で俺にとってはどうでもいいと思っていた夏樹の存在が気になっていることを理解する。	感じ方・とらえ方に性差があることを理解しようとしている。
	○ハンカチを何度か取り出してみた真一の気持ちの変化を考える。	○夏樹の優しさにふれてからの気持ちの変化に気づかせるようにする。 ・異性の優しさを理解する。 ・悪い気はしない。 ・寝つけない	

ま と め 15 分	○今までと違った感情につ いて思ったことを話し合 う。	○早く会いたいという心の変 化を中心に考えさせる。	ワークシート問4 人間愛や思いやりが異性の 理解に大切であると気づこ うとしている。
	○中学生として男女交際は どんなふうにすればよい か考える。	○人への愛情や思いやりが異 性の理解にとって大切なこ とを強調する。	ワークシート問5 中学生期のよりよい交際は どのようにすればよいか考 えようとしている。
		○異性への関心には個人差が あること、好きになる対象 は必ずしも異性とは限らな いことにもふれる。	

❼ 授業を進める上での留意点

①幼なじみであり、近所に住んでいるというかかわりのある異性であることを考えさせ る。

②授業の全体を通して、人を好きになることは自然なことであるというメッセージが伝 わるようにする。

③心の変化や感じ方、とらえ方の違いに性差があることを気づかせるようにする。

④人間愛や思いやりをもつことが、互いに理解し合うもとになっていることに気づかせ る。

⑤男女互いの立場で、中学生のよりよい交際が考えられるようにする。

⑥好きになる対象は必ずしも、異性とは限らないことにも軽くふれておく。

（※特別扱いや、少数派扱いはしない）

❽ 資料

資料① 「アイツ」

アイツ

白木みどり

「ちょっと！　あした、授業参観なんだって。」

部活を終えて家に帰るなり、奥から甲高い母の声がして真一はぎょっとした。

「ああ、言うの忘れてたよ。でも来なくていいから。」

「何がいいもんかい。中学校に入って初めての参観じゃないの。母さん仕事を休んで行きますからね。」

できることなら親に学校に来てもらいたくない真一は、通知を母に見せていなかった。授業参観というのは、何だか気恥ずかしい。内緒にしていたのに、どうしてばれたのだろう。

――「アイツに違いない。」

真一には確信があった。

真一が幼稚園に入園する少し前に、近所に越してきた一家に同い年の女の子がいた。名前は藤原夏樹。幼稚園から小学校と、ずうっと一緒だった。そして、この春に同じ中学校に入学した。真一は、その夏樹が今度の参観のことを母に言ったに違いないと思った。

　明るくて誰とでもすぐ打ち解ける夏樹は、一方で少し気が強く、お節介でおしゃべりでもある。あらゆること
を親に言いつける夏樹に、真一は幼い頃から迷惑を被っていた。
　「アイツ……あした、とっちめてやる。」
　真一は、前日になって授業参観が母に発覚したことに、腹を立てていた。

　授業参観が終わって、部活が休みの夏樹はいつもより早く下校できる。隣のクラスの真一とはまだ顔を合わせ
ていなかったが、休み時間に真一のお母さんが「なっちゃん、ありがとうね。」と声をかけてくれた。夏樹は、
いいことをしたとすがすがしい気分で生徒玄関に向かった。テニス部の友達と一緒に帰ろうと下駄箱のところに
来ると、真一がいた。
　「あら、真ちゃん。」
　夏樹は笑顔で真一に近寄っていった。真一を見つけると、にっこり笑って「あら、真ちゃん」と言うのが夏樹
の小さい頃からの口癖だった。
　「おばさん来てたね。よかったね。」
　「よかった？　お前、何言ってんの。なんでも母さんに告げ口するんじゃねえよ。」
　文句を言おうと待ち構えていた真一は、夏樹の陽気さにいっそう腹が立ち、その言い方はきつくなった。
　いいことをしたと思っている夏樹にとっては思いがけない真一の言葉だった。
　「真ちゃんこそ何よ。おばさん、真ちゃんがこの頃、何も話してくれないって嘆いてたわよ。」
　夏樹も負けずに言い返す。
　「お前に、関係ねえだろ。」
　「何よ。通知を見せない真ちゃんがいけないんじゃない。」
　夏樹の気の強さが出てきた。いつもなら、ここから夏樹のペースでやり込められてしまう真一だったが、今日
は違っていた。
　「だから、よけいなお世話だっていうんだ！」
　真一は怒鳴り返した。
　真一の逆襲が意外だったのか、夏樹は珍しく口ごもった。
　「だって……心配だったから……。」
　きつく言い過ぎたと思ったが、真一も勢いが止まらない。
　「お前になんか、心配してもらいたくねえんだよ。」
　すっかり声変わりした真一の声には迫力があり、夏樹はたじろいだ。
　「……。」
　真一は夏樹にくるりと背を向けて、玄関を出ていった。校門を出た真一は走り出した。雨雲が低くたれ込めて
いる。
　考えてみれば大したことではない。あんなにきつく言うこともなかったんじゃないか。いや、あのお節介は、
どこかでこらしめてやる必要がある。しかし、あのときの夏樹の顔は……。アイツのあんな顔は初めて見た。い
つも俺との口論に負けたことがないアイツが、あんな顔して黙ってしまうなんて……。
　真一は、困惑した夏樹の表情が気になっていた。
　いよいよ雨雲が大粒の雨を落として泣き出した。
　「ちっ。」と舌打ちをして、次第に激しくなる雨の中を真一は夢中で走っていった。
　その夜の夏樹は、元気がなかった。真一のことが気になって頭から離れなかった。「告げ口」だと言われた。
「関係ない」、「余計なお世話」だとも言われた。なんだか真一が遠くに行ってしまったようなさびしさが夏樹の
胸を締めつけた。
　でも考えてみれば私は何も悪くない。だいたい学校の通知を親に渡さない真一が悪いのだ。そう開き直ってみ
ると、夏樹の元気が回復してきた。「真ちゃんとはあしたから、もう口をきいてやらない。」と決意してベッドに
入った。

　あの授業参観の日から、真一と夏樹は口をきかなくなった。道で会っても、学校の中ですれ違っても知らん顔
でやり過ごした。今までは、たいていは夏樹から「あら、真ちゃん」と明るく声をかけてきたのに、この頃は明
らかに夏樹が真一を避けている。
　気まずい空気が二人の間に漂っている。真一は、予想もしない展開に戸惑いを感じていた。
　それから、さらに二か月の月日が流れていった。
　もうすぐ夏休みだ。二人は相変わらず口をきいていない。「クラスが別でよかった。」と真一は思った。同じク

ラスだったら、どう振る舞っていいか、分からなかっただろう。

　真一にとって憂うつなのは体育の時間だ。種目選択制で夏樹のクラスと合同で行うからだ。その日は、グラウンドでの陸上競技だった。真一は短距離走を、夏樹は走り幅跳びを選択している。お互いグラウンドの反対側にいるので幸いにも顔を合わせることはない。

　準備体操を終え、軽いアップをこなした真一は百メートル走の一回目の計時に向かった。四人一組でタイムを計る。ピッという短いホイッスルで、勢いよく飛び出した真一は、中間走に入る時点で四人のトップを走っていた。風の流れに加速がついてくる。「これはいいぞ。」と思ったその直後、右太ももが緊張した。同時に体が宙に浮いたように感じ、次の瞬間、大きく転倒した。右ひざから出血している。立ち上がろうとしたが左足首に激痛が走り、また倒れ込んだ。周りに集まった仲間の手を借りて、傷口を洗い流すために手洗い場に向かった。

　「大丈夫か？　保健室まで連れていこうか。」

　「いや、一人で行けるよ。次の計時があるだろ。戻ってくれ。」

　そうは言ったが、真一は心細かった。ひねった足首が重く痛み、ひざの出血もかなりひどい。蛇口から流れ落ちる水に、赤い筋が絵の具を溶かしたように混ざっていく。これはどうやら一人で保健室まで行くのは難しい。授業が終わるのを待って、やはり友達に連れていってもらおうと、真一は花壇を囲うコンクリートの縁に腰かけた。

　夏樹は、真一の転倒の一部始終を見ていた。というよりは、授業が始まってからずっと真一を見ていたといったほうがいい。口をきかないと決意してからずっと、真一との気まずい関係に思い悩んでいた。そんな自分自身にも腹立たしいが、真一が自分を無視していることも気に入らなかった。しかし、真一が大きく転倒したとき、夏樹は思わず声を上げそうになった。倒れた真一に友達が駆け寄っている。自分も全力でグラウンドの向こう側に駆けていきたい衝動に駆られた夏樹は落ち着かなかった。

　授業終了のチャイムが流れた。走り幅跳びの生徒たちがすぐ近くの砂場から一足先に引き上げてきた。真一が腰をかけている花壇は、グラウンドから校舎へ戻る通り道の脇にある。

　真一はきまり悪くて、ずっとうつむいていた。そのうち夏樹も通り過ぎていくはずだ。そう思っていたとき、彼の胸元に何かがポンと当たった。ハンカチだった。

　「これ、使って。ずいぶん血が出てる。」

　夏樹だった。

　「さっき、真ちゃんが転んだところ見てたんだ。」

　そう言うと、くるりと背を向けて渡り廊下のほうへ駆け出していってしまった。真一はハンカチを手にし、走り去っていく夏樹のすらりと伸びた細長い脚を見ていた。

　ハンカチは傷口にあてがうにはきれい過ぎてためらわれた。誰にも見られないように、そっとハーフパンツのポケットにしまった。

　その日、家に帰ってから真一は、夏樹が投げてよこしたハンカチを何度も眺めた。相変わらずお節介なやつだ。そう思いながらも頬が緩む自分がおかしかった。その夜、真一はなかなか寝つくことができなかった。それは傷の痛みのせいばかりではなかった。

　その頃、夏樹も、今日の出来事を思い出していた。運動神経のいい真一を、小さい頃からうらやましく思っていた。この日も快活に動く真一に見とれていたのだ。真一が転倒した瞬間の自分の動揺に、ひどく慌てた。また、ハンカチを渡したときの真一の視線にどきっとした。しかし、何よりも、真一と言葉を交わせたことがうれしかった。夏樹は、高鳴る思いを日記につけてベットに入った。

　翌朝、足首の痛みは幾分治まっていた。今朝は夏樹にハンカチを返さなくてはいけない。この足では時間がかかるだろうと、真一はいつもより早く家を出た。久しぶりに晴れ渡った青空だ。街路樹の緑が目にまぶしい。夏樹と六年間、小学校に通った道だった。

　──アイツになんて言おう。「ありがとう」か。いや、気さくに「サンキュー」だろう。それでどうする……。

　真一は、今までにはなかった夏樹への思いの変化を感じていた。

　「でも、これでアイツと話ができるようになる。」

　そう思うと、真一は無性に夏樹に会いたくなった。真一は足の痛みをかばいながら、学校へ向かう気持ちは急いでいた。

出典：『中学生の道徳　自分を見つめる１』（廣済堂あかつき）

資料②　ワークシート

道徳　　　　　　　　　　　　　　　　　　　　年　　組　名前

---

1. 怒鳴られた夏樹が困惑した顔をしているのを見たときの真一の気持ちは……？

---

2. 夏樹とすれ違いの日々を過ごしているとき、真一はどんな気持ち……？

---

3. 夏樹にやさしくされたあとの真一の気持ちは？　そのことについて思ったことは……？

---

4. 最後、真一が夏樹に対していだいた感情について思ったこと……？

---

5. 中学生として男女交際はどのようにしていったらよいと思いますか。

中学校 **2** 年生

⑭多様な性

道徳

❶ 主 題 名

「多様な性について考えよう」

❷ 主題について

　近年、「性的マイノリティ」や「LGBT」ということが話題になっているが、人の性は多様であり、それらすべてがノーマルである。しかし、現実はまだまだ理解不足が多く、差別や偏見で悩んだり、苦しんだりして、生きづらさを感じている人が多い。

　また、中学生の時期は心や体が急激に変化する時期であり、自己の性について悩んだり、違和感をもったりする生徒もいる。そしてそれらのことが、いじめや不登校の原因になることも少なくない。

　そこで、人の性は多様であることを正しく理解し、多様な意見や価値観を受け入れ、差別や偏見のない社会を築こうとする意識を高める必要がある。

❸ 本時のねらい

　①人の性は多様であることを正しく理解する。

　②多様な性について、それらを理由とする偏見や差別的扱いは不当であることを理解する。

　③自分及び他人の人権を守り、一人一人が自分らしさを発揮して安心して暮らせる社会を築いていこうとする意識を高める。

❹ 他の学年・教科・領域との関連

　指導事例⑩「性の悩みへの対処」を広義にとらえ、多様な性を理解する。また、3年生で扱う社会の指導事例⑲「人権の尊重と性感染症（エイズ）」にもつなげていき、自他ともに自分らしく安全に暮らせる社会を築いていく意識をもたせる。

❺ 教材教具について

　①事前アンケートシート「LGBT、性的マイノリティについて」（資料①）

　② DVD『私たちの選択肢』

　③事前調べ用キーワード集（資料②）

　④資料②に関する資料（資料③④⑤⑥⑦⑧）

❻　指導案

段階	学習内容・活動	教師のはたらきかけ	評価・評価資料等
導入 5分	○事前アンケートの集計結果を分析する。	○集計結果について、生徒の意見をまとめる。	事前アンケートの集計結果（表かグラフ）
展開 35分	○ LGBT、性的マイノリティの意味を発表する。(事前の担当グループ) ○性の4つのとらえ方を知り、それぞれのキーワードの担当グループが発表する。	○当該の人たちを特別視するイメージをつけないように留意する。 ○性の4つのとらえ方（資料③）を示す。キーワードの発表については、同じグループからの補足と他のグループからの質問を受ける。 ○性同一性障害やトランスジェンダーについて（資料④）補足する。 ○ DVD「私たちの選択肢」：多様な性を理解する教育	分かりやすい説明をする努力をしようとしている。 意欲的に補足や質問をしようとしている。
	○性別違和について発表する。 ○ DVD を鑑賞する。 ○カミングアウトとアウティングについて発表する。	○身近な人から SOGI（資料⑥）に関する相談を受けたらどうするか発問する。 ○アウティングの事例や国立市の条例（資料⑤）を補足する。	自分に置き換えて考えようとしている。
まとめ 10分	○身近な人から SOGI（資料⑥）に関する相談を受けたらどうするか考える。 ○「SDGs」（資料⑦）を調べたグループが発表する。	○個人の意見を書いた用紙を回収する。 ○東京都オリンピック憲章にうたわれる人権尊重の理念の実現を目指す条例（資料⑧）にもふれる。	多様な意見や価値観を受け入れる意識を高めようとしている。

❼　授業をすすめる上での留意点

①調べたキーワードの発表は、事前にグループの中で代表を決めるのではなく、誰でも発表できるように準備しておく。

②LGBT や性的マイノリティの該当者はみなノーマルであり、特別な人や病気であるようなイメージをもたせないように配慮する。

③クラスや学校の中で、該当者探しやアウティングが行われないように、十分留意する。

④悩んでいることがあったら、いつでも相談してほしい旨を伝える。

⑤NG ワードについてもふれておく。

❽ 資料

資料① 事前アンケートシート

次の言葉について、あてはまる記号に〇を付けなさい。

（1）LGBT

A…よく分かる（意味を説明できる）　　B…だいたい分かる

C…聞いたことはある　　D…知らない

（2）性的マイノリティ

A…よく分かる（意味を説明できる）　　B…だいたい分かる

C…聞いたことはある　　D…知らない

資料② キーワード集（1グループ2つのキーワードを選ぶ）

〇LGBT　〇性的マイノリティ　〇生物学的性　〇性自認　〇性的指向

〇性的表現　〇性別違和　〇トランスジェンダー　〇SOGI　〇カミングアウト

〇アウティング　〇ダイバーシティ　〇SDGs

〇東京都オリンピック憲章にうたわれる人権尊重の理念の実現を目指す条例

資料③ 性の4つのとらえ方

性には、

〇生物学的性（Sex）………………… 身体の性

〇性自認（Gender Identity）……… 心の性

〇性的指向（Sexual Orientation）…… 好きになる性

〇性別表現（Gender Expression）… 表現する性

の4つのとらえ方がある。

資料④ 性同一性障害とトランスジェンダー

〇トランスジェンダーとは：心の性と身体の性が一致せず、性別違和感をもっている人たち。心の性が男性、体の性が女性の場合 Female to Male（FtM）と言う。心の性が女性、体の性が男性の場合 Male to Female（MtF）と言う。FtM をトランスマン、MtF をトランスウーマンとも言う。

〇性同一性障害とは：トランスジェンダーのうち、医学的対応を希望して、医療機関を受診した場合の診断名をさす。「性別違和」とも言う。

資料⑤　アウティングの事例と東京都国立市の条例

一橋大学アウティング事件

　2015年4月、一橋大学の法科大学院生Aが、同級生の男子Bに、同性愛の恋愛感情を告白した。しかし、告白されたBは受け止めきれずに、同級生約10人が参加するLINEグループで、Aがゲイであることを暴露（アウティング）してしまった。これをきっかけとして、翌年Aが投身自殺したとされる事件。

国立市の「アウティング」禁止条例

（基本理念）3条（2）

性的指向、性自認等に関する公表の自由が個人の権利として保障されること。

（禁止事項等）8条2項

何人も、性的指向、性自認等の公表に関して、いかなる場合も、強制し、若しくは禁止し、又は本人の意に反して公にしてはならない。

※なお罰則は設けていない。

資料⑥　SOGI

　SOGI（「ソジ」or「ソギ」）とは、性的指向（Sexual Orientation）と性自認（Gender Identity）の頭文字を合わせた言葉で、LGBTや性的マイノリティのように、ある特定の人たちを意味するのではなく、2つの概念で包括的にとらえる言葉として、ジョグジャカルタ原則＊以降に使われるようになった。

＊ 2006年にインドネシアのジョグジャカルタ市で行われた国際会議で採択された「性的指向と性同
　一性に関わる国際人権法の適用に関する原則」

資料⑦　SDGs

　持続可能な開発目標（SDGs）とは、2001年に策定されたミレニアム開発目標（MDGs）の後継として、2015年9月の国連サミットで採択された「持続可能な開発のための2030アジェンダ」にて記載された2016年から2030年までの国際目標です。持続可能な世界を実現するための17のゴール・169のターゲットから構成され、地球上の誰一人として取り残さない（leave no one behind）ことを誓っています（ゴールの中の1つに「ジェンダー平等を実現しよう」がある）。SDGsは発展途上国のみならず、先進国自身が取り組むユニバーサル（普遍的）なものであり、日本としても積極的に取り組んでいます。　　　　　　　　（外務省HPより）

資料⑧　東京都オリンピック憲章にうたわれる人権尊重の理念の実現を目指す条例（一部）

第二章　多様な性の理解の推進

（趣旨）

第三条　都は、性自認及び性的指向を理由とする不当な差別の解消並びに性自認及び性的指向に関する啓発等の推進を図るものとする。

第四条　都、都民及び事業者は、性自認及び性的指向を理由とする不当な差別的取扱いをしてはならない。（性自認及び性的指向を理由とする不当な差別的取扱いの禁止）

⑮生物の細胞と生殖

理科

❶ 主題名

「動物はどのようにしてふえるのか」

❷ 主題について

　有性生殖と無性生殖の特徴を学習させ、有性生殖では受精の際に両親から遺伝子をいろいろな組み合わせで受けつぐことにより多様な形質が生まれることを理解させる。また、有性生殖により子孫をふやす具体例として、人間の受精から発生の過程をたどる映像を見せることにより、命の誕生という精妙な自然の営みのすばらしさを感じとらせ、一人一人の命がかけがえのない大切なものであることを理解させる。

❸ 本時のねらい

　①１個の細胞の受精卵はどのように細胞をふやすかを、説明できるようになる。
　②有性生殖と無性生殖の特徴をみいだせるようになる。

❹ 他の学年・教科・領域との関連

　第１学年保健体育では、思春期には下垂体から性腺刺激ホルモンが分泌され、生殖器が発育するとともに生殖機能が発達して、男子では射精、女子では月経がみられるようになり妊娠が可能になることを学んでいる（指導事例③）。生殖についてのこれらの既習事項をもとに、人間の発生の科学的な理解を深める。

　また、生殖にかかわる身体的接触による感染症としてのエイズ、その他の感染症との関連にも考慮する。

❺ 教材・教具

　①ワークシート「生物の細胞とふえ方」（資料①）
　②DVD教材「人体　生命誕生」（NHK：「驚異の小宇宙　人体・生命誕生」の一部）

❻ 評価・評価資料

　①評価

　　【知識・技能】受精卵の細胞のふやし方や有性生殖・無性生殖の特徴を理解しその例
　　　　　　　　　をあげることができる。

　　【思考・判断・表現】既習内容と本時の内容を総合して発問について考え、自分なり
　　　　　　　　　　　　に有性生殖についての利点が発表できればよい。

【学びに向かう力】　有性生殖と無性生殖の違いについて興味深く考えるとともに、発生の過程について興味をもって学習しようとしている。

②**評価資料**　　観察、ワークシートへの記入、発言内容

❼　**学習指導案**

段階	学習内容・活動	教師のはたらきかけ	評価・評価資料等
導入5分	○以前の授業で学習した単細胞生物、多細胞生物の復習と確認。	○中1で水中プランクトンを観察したことを思い出させる（アメーバ・ゾウリムシなど）。	
展開40分	○ワークシート「生物の細胞とふえ方」を使用しながら動物の発生について学ぶ。 「〔発問1〕私たちの体は細胞からできていることについて学びましたね。成人のヒトの体にはいくつぐらいの細胞があると思いますか」について考え、ワークシートに予想を書く。	○億、兆という漢字を使わず、桁数の多さを認識させられるようにする。	実感のとらえにくい数値を身近なものに置き替えて、自分なりに予想を立てることができる。 ※発言内容
		○8月1日に1円、2日に2円、3日に4円……、倍倍にもらっていくと8月31日にはほぼ10億円になる。2倍、2倍と増える増え方は「体細胞分裂の増え方」と同じで、すごい数になるがそんなに大変ではなくて、億単位でも30回程度である。	
	○DVD教材「人体　生命誕生」（NHK）の一部、ヒトの受精と発生に関する部分（約8分）の映像を視聴させる。	○60兆もの細胞で構成されている生徒の体も、15、16年前に受精卵として初めの1個の細胞からスタートしているということを認識させる。 この際、保健の授業の内容についてふれ、生徒自身の身体にこの能力がそなわっていることをあらためて確認する。	ヒトの受精と発生の過程に興味をもってビデオを視聴できたか。 ※観察
		○DVD視聴後に、感想を書いてもらうことを予告してから始める。	

		○DVDの上映時にはナレーションの声を小さくし、その場面に応じた指導者からの語りかけを行う。（❽授業を進める上での留意点を参照）	
	教科書を見ながら、ビデオ映像に出てきた用語を確認させる。 　精巣・卵巣・精子・卵 　受精・発生・胚 ○有性生殖、無性生殖の特徴をみいだす。	○既に保健の授業で学習しているのでその時のことを思い出させるようにする。	教科書の写真を確認しながらワークシートの空欄に正しい用語を記入できたか。 ※ワークシートへの記入
展 開 40 分	「〔発問2〕動物の中でヒト、イヌなどはオスとメスの区別がありますね。では、オス、メスの区別がない動物をあげてみましょう。」について考え、自分の考えを発言する。 「〔発問3〕体のつくりが複雑に進化した生物（多細胞生物）に、オスとメスの区別ができた理由を考えてみよう」について考え、自分の考えを発言する。 ○ワークシートを使って有性生殖、無性生殖のまとめを行う。	〈予想される答え〉 ・アメーバ、ゾウリムシなどの単細胞生物：○ ・ミミズは雌雄同体である。雌雄同体だからといって1個体では子をつくれないことにもふれる。 〈予想される答え〉 中学生にとって難しい質問であるため、意見が出ない場合もある。その場合には、無性生殖の利点と欠点について、簡単に説明する。有性生殖の方が地球に生存しやすい理由を考えさせる。その際、無性生殖の場合、ずっと同一遺伝が継続することを発問から思い出させる。 ・無性生殖の利点…体細胞分裂で短い期間にたくさん仲間を増やす。 ・無性生殖の欠点…体細胞分裂で仲間を増やしているため遺伝子のつくりもみんな同じである。環境の変化や外敵に対する抵抗力が弱く絶滅しやすい。	既習内容と本時の内容を総合して発問について考え、自分なりの考えをもつことができたか。 ※発言内容 受精卵の細胞のふやし方や有性生殖・無性生殖の特徴を理解しているか。 ※ワークシートへの記入

| ま と め 5 分 | ○ワークシートの記入内容をもう一度確認する。 | 体のつくりが複雑に進化した生物に、オスとメスの区別ができたのは今から15億年ぐらい前であり、ヒトが地球上で高等生物として進化することができた背景に子孫のふやし方に有性生殖の方法が受けつがれてきたことが一因となっている話をしたり、現在の生徒一人一人の命は進化の長い歴史を受けついだものであることを自覚させたりして、授業をまとめる。 | |

❽　授業を進める上での留意点

①理科の教科の指導案ではあるが、知識の伝達だけににとどめることなく、生命誕生の精妙な仕組みや命の大切さに気づかせるための語りかけの例を以下に記入してあるので、それを参考に教師自身の生命観や人間性を語れるようにする。

②DVD教材「人体　生命誕生」(NHK)の一部、ヒトの受精と発生に関する部分(約8分)の映像を視聴させる時に、ナレーションの声を小さくし、その場面に応じた語りかけを行う。

③DVD教材がない場合には資料集(写真のあるもの)などを使用することもできる。

④導入では、事前に第1学年保健体育(指導事例③)の指導教諭から具体的な指導内容を確認しておき、授業内容を思い出させることができるような語りかけを行うこともできる。

⑤まとめでは、あなたの命は進化の長い歴史を受けついだかけがえのないものであることを強調することもできる。

〔指導者からの語りかけの例〕

DVD 映像	指導者からの語りかけの例
受精の瞬間。	・多くの精子の中からたった1つが卵に泳ぎ着くことにより、受精卵がつくられる。精子が泳ぎ着くことで実際にはセレクションが行われて、優れた精子を取り入れることにもふれる。 ・どの精子と受精するかによって、同じ親からでも形質の異なる子どもが誕生する。
細胞分裂が進んでいくようす。	・最初の受精卵→2個の細胞→4個の細胞→8個の細胞… ・途中までは教科書のカエルの発生とまったく同じ過程をたどるが、途中から遺伝子（DNA）にそなわっているヒトとしての設計図通りに胚の時期を経てヒトとして体を完成させていく。 ・脊椎動物の発生の過程を調べてみると、発生の初期の胚は、どれも基本的には同じような外観とつくり（えらの存在など）をもっていることが分かる。このことからも、魚類から哺乳類までの脊椎動物は、水中に住む祖先から枝分かれし、進化してきたことを推察することができる。
胎児に心臓の鼓動がみられ目や血管も確認できる。	・生命の宿りの確認。 ・肺呼吸ではなく、母親と胎盤でつながることにより酸素を得ている。
頭の部分（脳細胞）の発達が顕著であることの確認。	・教科書のカエルの例とは異なり、ヒトらしさを確認することができる。

❾　**資料**

資料①

生物の細胞とふえ方　　　　　　　　　　年　　組　名前

【生殖】

生殖：自分と同じ種類の子孫をつくり、個体をふやすこと
生殖細胞：雄のつくる精子や雌のつくる卵など、子を残すための特別な細胞である

〔考えてみよう1〕
成人のヒトの体には、いくつぐらいの細胞があると思いますか。次のア～エの選択肢の中から選んでみよう。

　　ア：約600000（60万）　　　　　　イ：約60000000（6000万）
　　ウ：約60000000000（600億）　　エ：約60000000000000（60兆）

〔NHKビデオ「人体　生命誕生」を視聴した後で感想を書いてみよう〕

〔作業1〕
教科書を見て、カエルの有性生殖について書かれた下の図の空らんに適当な言葉を入れてみよう。

〈動物の有性生殖〉

雄♂の精巣で
精子がつくられる→
　　　　　　　　　　　受精して1個の＿＿となる　→2→4→8→　→　→　→　
雌♀の卵巣で
卵がつくられる→

・たくさんの細胞からなる＿＿＿に変化し、さらに細胞分裂をくり返しながら複雑な体の仕組みをつくり、新しい個体へと成長していく。

・このように受精卵が生物の成体になるまでの過程を、発生と言う。

〈無性生殖〉
・性に関係なく、親の体が＿＿＿＿したり、体の一部が分かれて新しい体ができる生物のふえ方を無性生殖と言う。
・無性生殖では、1個の親の体が分かれてできるので、子どもは親と＿＿＿＿＿＿を受けつぎ、同じ形質をもつ。
〈有性生殖〉
・雄と雌のつくる生殖細胞（精子・卵）が＿＿＿＿することによって新しい個体ができるふえ方を有性生殖という。
・それぞれの親がつくる生殖細胞の核には＿＿＿＿がふくまれているので有性生殖でふえた個体には、いろいろな形質が受けつがれる。

⑯現代社会と私たちの生活 社会

❶ 主 題 名

「情報化が進む現代と性情報」

❷ 主題について

　社会科の公民的分野は、3年生で学ぶが、その中に、私たちの現代社会の「情報化が進む現代」という単元がある。学習のねらいは、情報化が進む現代において、自分たちの生活にどのような影響があるかを考えることである。そして、私たち一人一人が自分にとって必要な情報を選び、情報の正しさやその価値を判断した上で利用する必要がある。

　また、情報リテラシー（個人情報などの情報の発信や発信についてよく考えて行動する能力）を身に付けることの大切さも理解する。現在の社会は、言うまでもなく情報化社会である。ネットやSNSが普及する以前は、性情報に限らず、中学生の情報の入手先は、テレビ・雑誌・友達の話が中心であった。それが、今日では、スマホやネットなどで簡単に様々な情報が入手できる時代になり、大変便利な社会になったとも言える。

　しかし、簡単に入手できる情報が正しいとは限らないのも、現実である。ネットでは、意図的に嘘の情報を流す人間もいる。特に、中学生は性に関して高い興味・関心をもっているため、どんな性情報にもすぐに飛びついてしまうところがある。情報が溢れている現代社会こそ、その情報が正しいか間違っているかを判断する力と正しい情報の中での取捨選択の力を身に付けなければならない。この力が身に付いていけば、それが性情報であっても正しい判断ができると思われる。また、情報受信者の立場だけではなく、情報発信者としての、自己の責任も忘れてはいけないことを生徒に自覚させていかなければならない。

　以上のねらいを理解させ、情報についての正しい判断力を身に付けさせたい。

❸ 本時のねらい

　「情報化社会における性教育の今日的課題」において、正しい性情報をどこから手に入れ、また、その性情報が正しいか間違っているのかを判断する力を身に付けるためには、どうしたらよいか。この点を、授業を通して生徒に指導することを目標にした。

　性情報に関する内容は、様々な機関なども取り組んではいるが、ここでは、1時間の授業で、この性情報の指導をどう進めていくか。実践例を取り上げる。

　〔1〕単元　「ネット（インターネット）と性情報」（中学2年生・3年生）

　〔2〕目標　①正しい性情報を判断できる力を身に付けさせる。

　　　　　　　②ネット等の性情報は正しい情報とは限らないことを理解させる。

　　　　　　　③情報発信者としての責任とリスクを理解させる。

❹　他の学年・教科・領域との関連

　「技術・家庭の技術分野（単元：情報の技術）」、「学級活動」、「総合的な学習の時間」で行うことができる。性教育の指導は、養護教諭と保健体育科の教諭に任せるということではなく、担任や各教科担当も指導していくことが大切である。

❺　使用資料

　・ワークシート「情報化が進む現代と性情報」
　・資料①〜⑦

❻　評価・評価資料

　①評価

【知識・技能】正しい情報を何から得るか、情報発信者としての責任とリスクを理解しようとしている。資料やグラフからその特色や課題を読み取ることができる。

【思考力・判断力・表現力】現代社会の特徴について立場をかえて考えることができる。

【学びに向かう力・人間性】教師の設問やグループでの話し合いで、意欲的に発言し、他者の意見も取り入れ、積極的に学習に取り組もうとしている。

　②評価資料　　　・観察　・ワークシート

❼　指導案

段階	学習の内容・活動	教師のはたらきかけ	評価・評価資料等
導入　5分	○今日の授業・ねらいを確認する。	・ねらいを板書（掲示）する。	
	○視覚の錯覚の図を見せる。	・資料①の図A〜Hを見せ、それぞれについて比較させ、自由に答えさせる。 ・目から入ってくる情報が正しいとは限らないことを気づかせる。	意欲的に発言している。
	○性情報の入手に関するクイズを出題する。	・資料②を見せ、性情報の入手先の7に何が入るのかの発問をし、自由に答えさせる。	意欲的に発言している。
	○スマートフォンを持っている生徒の人数を確認する。	・スマートフォンを持っている生徒に挙手させ、人数を確認する。	

展開40分	○中学生が考える性情報とは何かを話し合い、ワークシートにまとめる。	・グループ（班）に分かれて、話し合わせる。その際、男女混合で話し合わせると、意見を言いづらいことが予想できるので男女別のグループで話し合わせる。 ・各班の意見を発表させる。 ・資料③④のグラフを提示し、性情報源を示す。 ・資料⑤の図を参考に、性情報の商品化について説明する。興味本位の性情報が多くあることに気づかせる。	積極的に話し合いに参加している。 他人の意見を、真剣に聞いている。
	○教師の説明を聞き、性情報の商品化について、理解する。	・男女数人の生徒に発表させる。	自分が発信者の立場になって、考えることができる。
	○正しい性情報か間違った性情報かを判断するために大切なことは何かを考え、ワークシートに記入する。教師の説明を聞き、性情報源について、理解する。 ○情報を発信することの責任と影響について、資料⑥⑦を参考に考え、ワークシートに記入する。（デジタルタトゥー等）	・情報発信者の立場で、大切なことは何かを考えさせる。 ・デジタルタトゥー・リベンジポルノなどの現状を伝え、情報発信者として責任をもつことの大切さを指導し、気づかせる。 　資料⑥⑦については、生徒に提示せず教師の説明のみでもかまわない。	
まとめ5分	○ネット等の性情報を鵜呑みにしないことを理解する。 ○情報発信者として、加害者には絶対にならないことを自覚させる。 ○ワークシートに、今日の授業の感想を記入する。	・ワークシートを利用して、今日の授業の内容のまとめと、自分の考えや感想を記入させる。	ワークシートに、自分の考えや感想を、しっかりと記入している。

❽ワークシート

「情報化が進む現代と性情報」

年　　組　氏名

---

1. 中学生が考える性情報とは何か。

（自分の考え）

（グループの人の考え）

2. 正しい情報か間違った情報かを判断するために、大切なこと（判断基準）は
何だろう。

3. 情報を発信する立場になった場合、大切なことは何だろう。

4. 今日の授業の感想・意見を書こう。

---

❾ 資料

資料① 視覚の錯覚の図

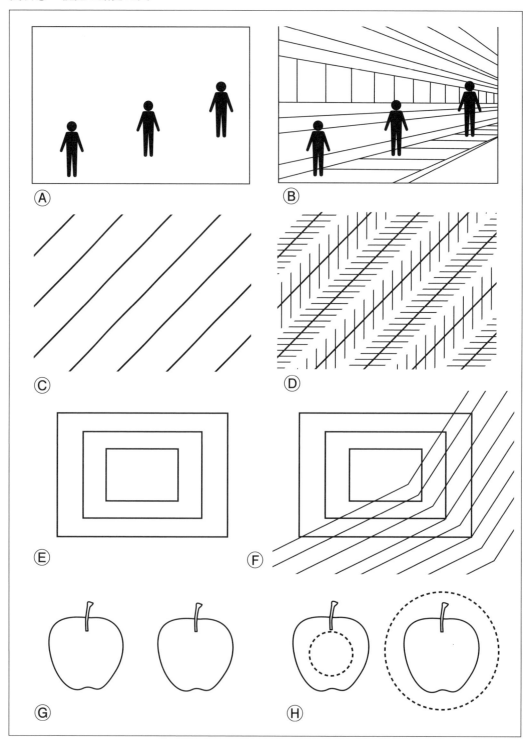

資料②　性情報の入手先　　　　　　　　※ 7. に何を入れるか答えさせる。

	男子計		女子計	
	順位	％	順位	％
1. 親や兄弟	9	1.8%	7	9.8%
2. 友だち、先輩	1	58.6%	1	55.2%
3. 学校の先生や授業	3	17.2%	2	36.4%
4. 教科書・専門書	7	4.1%	5	13.6%
5. 雑誌、マンガなど	6	4.5%	3	16.4%
6. テレビ・ビデオ	5	4.9%	8	8.7%
7. ？	4	14.5%	4	16.0%
8. ゲーム	8	2.2%	10	0.8%
9. そういう経験はない	2	28.0%	6	13.6%
10. 無答	10	0.0%	9	3.6%

（答え）　7. インターネット、ケイタイ

資料③　性情報（中学生）「性に関する情報を何から得ていますか」

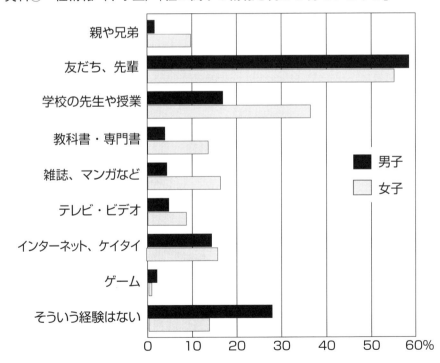

（東京都性教育研究会 2014 年調査報告）

資料④ 性情報（中学生） インターネットでの経験

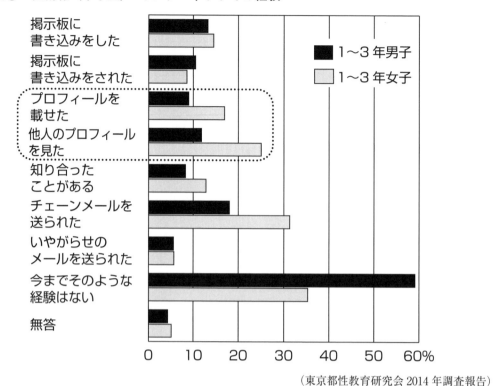

（東京都性教育研究会 2014 年調査報告）

資料⑤ 性の商品化

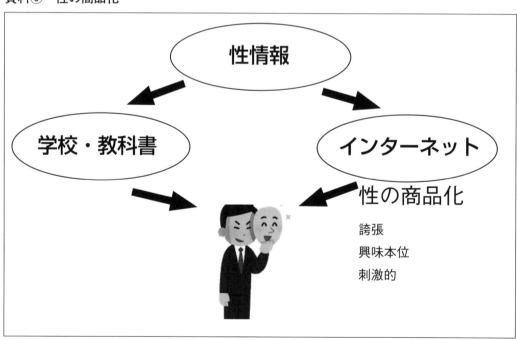

資料⑥　デジタルタトゥー（Digital Tattoo）

デジタルタトゥー（Digital Tattoo）とは、インターネット上で公開された書き込みや個人情報などが拡散してしまうと、後から消すことが極めて困難であることを、入れ墨（タトゥー）を後から消すことが困難であることに喩えた表現。

資料⑦　リベンジポルノ（Revenge Porn）

恋人や配偶者と別れた男性が、復讐（リベンジ）を目的として、以前撮影した相手の猥褻な画像や動画をインターネット上などに公開することを意味する語。

⑰能力や適性と職業

学級活動

❶ 主題名

「確認してみよう！自分の性役割認識」

❷ 主題について

　生徒の社会認識を発達させ、それを科学的な社会認識、科学的な世界観に高めることが男女平等観の育成にとっても欠かせない要素になる。生徒たちの社会認識が身近な人々についての認識から出発することは、発達心理学の分野でも述べられている部分である。

　社会の構造とライフスタイルの変化に伴い、性別で固定化していた職業への就労も柔軟に変化している現代社会ではあるが、いまだに長い歴史の過程で形成されてきた固定化した性役割の考え方が存在する。また性差が職業の適性に関係があるとされ、男女差別をもつくり上げ、男女の就労に対する考え方にも影響している。女性にとって結婚と仕事の関係は、一生を考える上で無視することができない問題であり、共に仕事をする男性にとっても大切な問題となってくる。「結婚生活」というキーワードから固定的性役割観の違いを明確にし、その結果、自分の個性や資質・能力を生かした進路選択が、社会における自分の役割や将来の生き方につながることを考えさせる。

❸ 本時のねらい

　①身近な人の職業の選択に、男女の性役割の意識がかかわっていることに気づく。

　②性差ではなく、自己の能力や適性で職業を選択することの大切さを理解する。

　③日常の生活の中で男女が相互に尊重し合う人間関係の必要性を認識する。

❹ 他の学年・教科・領域との関連

　1年時の指導事例⑧「これからの自分と家族」で家庭の役割を学習し、社会科で「現代社会と私たちの生活」（指導事例⑯）を学ぶ。その内容を踏まえ、以後の学級活動で学習する「異性の理解と協力（かかわり）」（指導事例⑱）や人権にかかわる考え方の基本とするため、本時においては性別による固定的な性役割観に気づき、払拭するという視点で扱う。

❺ 教材・教具

　①テレビドラマDVD「アットホーム・ダッド」のあらすじ（資料①）

　②資料プリント（「ダイバーシティ」とは）（資料②）

　③資料プリント（職業と性役割は関係あるのか？）（資料③）

　④ワークシート（資料④）

❻　**評価・評価資料**

①**評価**

・日本にある固定的な性役割観の現実を認識し、自らの考えに気づき、課題の解決に取り組むことができる。

・友人の多様な考えを受容し、自ら考え、社会集団の中で自己実現を図ろうとする姿勢がみられる。

②**評価資料**　　ワークシート、観察

❼　**指導案**

段階	学習内容・活動	教師のはたらきかけ	評価・評価資料等
導入 10分	○今日の授業のテーマを確認する。「確認してみよう！自分の性役割認識、役割はその人の適性・能力といっしょなの？」と板書する。	○「今日の授業は、ふだん自分でも気づかずにいる男性と女性の性役割の意識について考えていきたいと思います」 ○「私たちはよく男だから、女だからといって、なにげなく性別で行動を決めてしまったりするよね。それは本当はどうなのか確認していきたいと思います。では最初にここでドラマのビデオを見てもらいます」	
	○テレビドラマ DVD「アットホーム・ダッド」の1場面を見る	○テレビドラマ DVD「アットホーム・ダッド」を5分程度見せる。	・テレビドラマ DVD「アットホーム・ダッド」
展開 30分		・「このドラマは、広告代理店で働いていた主人公がわけあって仕事をやめ、今度は専業主婦をしていた奥さんが外で仕事をし、主人公が主夫になるというものです。結婚生活に自分の性役割意識が出てきます。さて、結婚生活というキーワードで自分の性役割意識をみてみましょう」	
	○ワークシート1の問いに答える。（5分程度） ○自分の中にある様々な性役割意識の差を知る。 ・ワークシートの丸印がAかBのどちらが多いかで自己の今の意識を知る。	○ワークシート1配付 直感で○をつけるよう指示する。 ○自分の中にある性役割の固定意識に気づくようにする。「AとBどっちにマルが多かったですか？」「A（B）の方が多かった人？挙手してみてください」	ワークシートの課題にまじめに取り組もうとしている。 ※観察

展開30分	○なぜ個々の考え方に差があるのか、なぜ差が生じているのか、みんなの発言を聞きながら考える。	○「なぜ考え方に差が出てきているのかな？」 ・それぞれ挙手した生徒にその理由を聞く。 ○「Aは男性が強くて、女性が弱く、男が外、女は家という考え方、Bは、自立しようとする女性に対して理解ある考え方だね。さて皆の考え方はどうやってつくられてきたのかな」と問う。	
	○自分の考えの根本にある理由に気づく。	○自分がどうしてそう考えたのかワークシートに記入するように言う。	
	○資料③を見る。 ・誰が仕事をしているのか確認した後、一般的に言われていることと資料③を見て感じることを近くの生徒と意見を交換する。	○ 資料③配付 ・資料③を見て、だれが仕事をしているか確認させる。 ・ワークシートの自分の判断の基準が、テレビや身近な経験でつくられたものであることに気づくようにする。	資料③職業と性役割は関係あるのか？
	○性の役割が歴史的につくられてきたこと、そして無意識に男女相互の思い込みになっていることに気づく。	○性役割は、歴史的につくられてきたこと、そして無意識に浸透して男女相互に対する思い込みになっていること、その考えが過ぎるとその人を考えない差別的発言・態度をとらせてしまうなどに気づかせる。 ○「職業には性差が関係ありそうですか？」と問う。	
	○職業に性差はあまり関係ないことに気づく。 「ダイバーシティ」という言葉の意味	・「例えば、呼び名の変わった職業（看護師、保健師、保育士）は？」「バスやタクシーの運転手は？」と聞き、生徒に自分の体験を話してもらう。	資料②「ダイバーシティ」とは
まとめ10分	○学習のまとめ ・ワークシートに学習のまとめを書く。	○思い込みの固定的な性役割で判断するのではなく、それぞれの考えで自分にあった進路の選択が必要であることを説明する。 ○クラスの望ましい男女関係についても確認する。	・自己の固定的な性役割意識を自己評価できる。 ・また今後どのように進路選択を考えていくのがよいのか判断できる。 ※ワークシート

❽　授業を進める上での留意点

①進路学習、家庭科、社会科の授業との関連を考慮する。

②進路選択にあたって女性にとって結婚生活と仕事の関係は一生を考える上で無視する
ことができない問題であり、また共に仕事をする男性にとっても大切な問題となって
くる。またこの考え方が男女の就労に対する考えとも関係してくる。結婚生活という
キーワードから固定的性役割意識の違いを明確にし、共に支え合う生活を考えさせる。

③日常、当たり前と思っている考え方に疑問を抱かせ、日常の自分たちの生活も考えさ
せる。

④教諭自ら固定的性役割を強化するような発言は避ける。またＡ・Ｂどちらがいいとい
う評価もしない。

⑤対人関係形成のステップは、最初は相手に関心を向け、次に相手の情報を得られるよ
うに接触し、コミュニケーションを踏まえて理解を深め、相手との信頼関係を形成し
ていく。これは異性との人間関係形成においても同じであることにもふれる。

❾　資料

資料①　DVD のあらすじ

「アットホーム・ダッド」のあらすじ　2004 年放送

　主人公は大手広告会社に勤める 40 歳代の男性、一家の大黒柱として妻と娘を養ってマイホームを手に入れ、プライドと自信にあふれ仕事をこなしていたが、あるとき会社を辞めざるを得なくなった。そして専業主婦であった妻には、もう一度働かないかという話があり、主人公が専業主夫をし、妻が働くという、家庭での役割分担が今までと逆転した生活がはじまり、家族の関係がすこしずつ変化していく。
　主人公の価値観からすると専業主夫なんて言語道断、男の風上にも置けない生き方だと思っているが、会社社長の奥さんに養ってもらって専業主夫をしている人が隣人だったり、娘の同級生の母親に「専業主夫なんて」と思われたりと、登場人物のそれぞれの価値観の違いがあらわれているドラマである。

資料②　「ダイバーシティ」とは

　「多様性」と和訳される英語の名詞。英語では Diversity。もともとは、幅広く性質の異なるものが存在しているという意味で用いられていた表現。「生物多様性」「遺伝的多様性」「文化多様性」「人材の多様性」など、多様性は年齢や性別はもちろん学歴・職歴、国籍・人種・民族、性的指向・性自認といった側面の差別をせず、多様な人材を積極的に活用し、性別や人種の違いに限らず、年齢、性格、学歴、宗教、価値観など、区別や差別をなくし受け入れようとする考え方として用いられている。

資料③　職業と性役割は関係あるのか？

生活に必要な大切な資源が誰によって管理されるかで、男女の力関係が変わる。
下の絵を見て誰が働いているか確認してみよう。

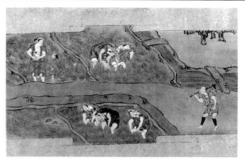

たはらかさね耕作絵巻（写真：町田市立博物館）

★男は何をしているだろう？

★女は何をしているだろう？

　日本で女性の地位が低くみられるようになったのは江戸時代からです。1563年に日本にやってきたルイス・フロイスは「日本の女性が男性と対等の権利をもっている」と記録に書いています。時代は異なりますが、女性の地頭がいた鎌倉時代は、男女同権の時代であったとも言えます。

　江戸時代は、武士をはじめ庶民にいたるまで、身分制度あるいは身分規制によって支配された社会であると言われています。「家」を単位に社会秩序が成り立ち、家長である男子の権限が強まりました。結婚も家の存続のために結ばれるもので、妻の地位は低く、「男尊女卑」の風潮が生じました。この男尊女卑の観念は、武士階級、そして豪農や豪商などに「女大学」の教えを通じて広まっていきました。ただし、家族全体が仕事を分担し合って生計を維持する庶民にとっては、「建て前」の世界でしかありませんでした。それが明治時代以降に良妻賢母主義の教育政策などの絡みで庶民にまで浸透していくことになったことから、固定的な性役割の意識がつくられたようです。

　多くの社会での基盤にある男女の分業は、もとは、男女の基本的な体力の差や女性は出産するが男性はしないなどの理由で始まりました。それが、「〜はこうあるべき」という考え方に変化したのです。

資料④　ワークシート

年　　組　名前

1. 結婚と仕事の関係についてどう考えますか？
AかBの意見を読んで賛成と思うほうに○をしてください。

	A		B	
1	女性は結婚したら男性に従うべきである。		女性も男性と同じように自分自身の生き方を主張することが望ましい。	
2	女性は家事と育児に専念し、男性はもっぱら仕事に力を注ぐべきである。		男性も、家庭での役割を分担すべきである。	
3	女性は結婚すればなんとかなるので、あまり先のことを考えなくてよい。		女性も自分自身の人生としての将来設計をきちんと立てたほうがよい。	
4	出産までは仕事を続けてもよいが、出産後は育児に専念すべきである。		出産後も仕事を続けて、社会的活動をするほうが女性の生き方として望ましい。	
5	女性が経済的に自立すると家庭崩壊につながりやすいので、結婚後は仕事をしないほうがいい。		女性が職業につくことによって、豊かな家庭を築くことができるので仕事を持つべきである。	
6	男性は、女性の生活設計に全責任をもっている。		女性も自分の生活設計に責任をもつべきである。	
7	女性は社会的活動に向いていない。		女性も男性と同じく、職業的自立や社会参加を目指すべきである。	
8	女性は仕事をもたずに男性に頼って生きていくほうが幸せにつながる。		女性も仕事と家庭を両立させるべきである。	
9	女性は働いていても、夫が転勤する時は、退職して夫についていくべきである。		妻も夫と同様、仕事のほうを優先する生活をすることもありうる。	
10	育児の手がかからなくなる頃は、夫も仕事の責任が重くなるので、それを助けるために家庭にとどまったほうがよい。		育児の手がはなれたら、仕事や社会活動に参加して、自分の可能性を家庭外で開くべきである。	

Aは女性が結婚後も働き続けることについて望ましく思っていない態度。
Bは好意的な態度を示しています。あなたはどちらの傾向が強かったですか。

「適性・適職発見シート」1996 実務教育出版より

2. 自分はどうして上のAまたはBのように考えたのでしょうか、どうしてそう思ったのか思いつくまま書いてみてください。

3. 本日の授業で考えたこと感じたこと、またこれからしようと思っていることを書いてください。

⑱ 異性の理解と協力（かかわり）

中学校 3年生 ・ 学級活動

❶ 主題名

「ある少女の悩み」

❷ 主題について

　個人差はあるが、3年生になると異性への関心が高まり、異性への接近欲が高まってくる。異性と交際をする生徒も現れてくるが、自分の気持ちを一方的にあらわして相手を困らせたり、不安にさせたりする場合もある。一方この時期は、学業、進路選択、親からの精神的な自立などから不安や葛藤も起こる。

　このことから、この時期には、互いに人生の岐路に立っていることを踏まえ、相手の人生に大きな影響を与える可能性がある性的接触（性交）は適切でないという考えへの認識を深めさせることが大切である。そして、互いに異性の心情・心理の違いを理解し、互いに励まし合い、人間性を高め合えるような人間関係を築いていくことが大切であることを理解させることが重要である。また、そのようなつき合い方が、自己実現に向けて努力していく支えとなり、力ともなることも認識させたい。

　そこで「ある少女の悩み」の手紙を通して、男女の心情・心理の違いから生じる悩み・不安などを読み取らせ、お互いの信頼関係を高め、人間としての豊かな人格形成につながる異性とのかかわり方はどうあったらよいかについて考えさせるため、本主題を設定した。

❸ 本時のねらい

　「ある少女の悩み」の手紙をもとに、男女の性心理の違いを理解し、人間として豊かな人格形成につながるような男女の人間関係を築こうとする意欲や態度を養う。

❹ 他の学年・教科・領域との関連

　道徳における男女の相互尊重と男女平等、保健体育の性情報への対処、2年時での「人間関係スキルの育成」（指導事例⑫）を踏まえ、性的な発達への総合的な適応力の育成へとつなげたい。

❺ 教材・教具

①事前アンケート（資料①）
②「ある少女の悩み」の手紙（資料②）、ワークシート・少女へのアドバイス用の手紙（資料③）
③「あなたは、異性からつき合いを求められたらどうしますか？」（資料④）

❻　評価・評価資料

①評価

・人の感じ方は様々であることに気づき、特定の好意をもつ人との望ましいかかわり方を理解できる。

・多様な考えを聞き、相手の気持ちを察し尊重することや、思いやることができる。

②評価資料　　観察、ワークシート（手紙へのアドバイス）

❼　指導案

段階	学習内容・活動	教師のはたらきかけ	評価・評価資料等
導入 10分	○本日の授業の目的を知る。	○「あなたは、異性からつき合いを求められたらどうしますか？」（資料④） ・この時期には異性との交際に関心があることは自然なことであるが、性差や個人差があることから、異性の性に対する心理の違いを理解し、男女の望ましい人間関係性についての理解を深める必要性がある。	
展開 30分	○自分たちの「異性との交際について」の意識の実態を知る。	○調査集計しておいたアンケート結果を掲示し気づいたことを述べさせる。（資料①事前アンケート用紙） ・異性との交際を求めていることに注目させる。	
	○意識の実態から、異性とのかかわりにおける課題に気づく。	○アンケート項目5.「どんな交際をしたいか」、6.「異性から誘われたときどうするか」の答えの結果に注目させる。 ・交際したい内容の男女差に注目させる。 ・行動への判断力の未熟さを取り上げる。	グループ活動や学習活動にも積極的に参加し、取り組もうとしている。 ※観察
	○「ある少女の悩み」の手紙を通して男女の心理の違いを理解する。 ・男子・女子の気持ちをそれぞれが考え、互いに発表する。	○男子、女子の気持ちの違いに気づかせる。（資料②「ある少女の悩み」の手紙） ・男女別グループ（4～5名程度）を作らせる。 ・率直な意見が出るようにする。 ・出た意見を模造紙に書かせ、黒板に貼り、男子と女子の考えを見比べさせ、気づいたことを発表させる。	男女の性心理の違いと、異性との交際で自分や相手の人格を尊重し思いやることが大切であることを理解している。 ※観察

展開 30分	○二人の交際についてアドバイスを考え、手紙を書き、発表し合う。	○アドバイスの手紙をグループで考えさせ発表させる。男女の心理の違い、異性の尊重、社会的責任が取れない状況などを踏まえているか考えさせる。（資料④） ・まじめに考えさせる。	
	○異性を尊重し、互いに高め合えるつき合い方を考える。	○異性と親しくなりたいという気持ちをよくみつめさせ、慎重に判断し行動を選択していくことの必要性に気づかせる。 ・中学生も異性との交際で妊娠や性感染症などの問題が起こる可能性もあり、人生や健康上に大きな影響を与える性的接触（性交）は望ましくないという判断が適切であることの認識を深めさせる。	
まとめ 10分	○男女が互いに励まし信頼できる望ましいつき合い方を考えることが大切であることを認識する。 ○生き方として安易な性行為をしないことが大切であることへの認識を深める。	○今日の授業を今後の生活にどう生かしていきたいか記入させる。	異性との交際のしかたで何が大切かを判断し、考えている。 ※観察、感想文

❽ 授業を進める上での留意点

①事前アンケートは宿題や事前の学級活動時等で回答させるが、集計についても生徒に行わせるようにすると授業への関心を高めることができる。

②アンケート結果の読み取りは、授業のねらいに沿うように読み取らせるよう教師がリードしていく。

③資料「ある少女の悩み」へのアドバイスは、直前の指導内容が反映されるよう言葉かけをしながら書かせる。

④特定の異性と親しくしたいという心をよく分析し、慎重に判断し行動を選択することが大切であることに気づかせる。

⑤特定の異性との関係には、自他の成長や向上を助長するものや、自他の成長や向上を妨げるものがあることに気づかせる。

⑥特定の異性との人間関係を保つには、自己を確立し、相手の人格を尊重することが大切であることに気づかせる。

❼ 資料

資料①　事前アンケート

1.あなたは、異性との1対1の交際をどう思いますか。	ア　良いと思う イ　悪いと思う ウ　どちらともいえない エ　分からない
2.1でアと答えた人は、その理由を選んでください。	1.成長のあらわれで、当たり前なこと 2.異性を理解できる 3.考えが広がる 4.自慢できる 5.相談できる 6.何となく 7.その他
3.1でイと答えた人は、その理由を選んでください。	1.中学生では早い 2.勉強の邪魔になる 3.困った問題が起こる心配がある 4.親にしかられる 5.他の友達との関係が悪くなる 6.何となく 7.その他（　　　　　　　　　）
4.1でウまたはエと答えた人は、なぜそう考えますか。	「 　　　　　　　　　　　　　　　　　」
5.もしできるなら、どんな交際をしたいと思いますか	1.いっしょに通学したい 2.いっしょに遊びたい 3.いっしょに勉強したい 4.悩みや夢を語り合いたい 5.二人でデートしたい 6.二人きりで話したい 7.その他（　　　　　　　　　）
6.異性から、二人きりになりたいと誘われたらどうしますか。	1.中学生だからと断る 2.相手が信頼できる人ならついていく 3.好きな人ならついていく 4.そのときにならないと分からない 5.その他（　　　　　　　　　　）

資料②　「ある少女の悩み」の手紙

　今悩んでいることについて、相談に乗ってもらいたくてお手紙を書きました。

　実は私には今、A君というつき合っている人がいます。1年生のとき同じクラスでなんとなく優しそうで素敵だなぁと思っていたら、2年生でクラスが別々になりました。そうしたら「つき合ってくれないか」という電話があり、つき合うようになりました。

　A君はとてもやさしく、話をしていてもとても楽しいんです。勉強も私よりずっとできます。スポーツも得意で、区の連合陸上大会の選手にも選ばれました。互いの家にも遊びに行き合い、互いの両親も私たちの交際を認めています。3年生になって進路の相談などもできて、そんなA君に私はますますひかれています。

　でも、そんなA君の態度がこのごろ何となく積極的で気になるのです。二人でおしゃべりをしているときにもA君が私の胸元をじっと見つめていたり、視線が合うと急に目をそらしたり、このあいだ二人で遊園地に行ったとき手を握られびっくりしました。ドキッとしました。そんな私の気持ちに気づかないのか、A君は、私の顔を見て「いいだろう」というので握りました。キスしたり、それ以上のことをするわけじゃないので、手をつなぐぐらいならと思いました。

　でもその日別れるとき、A君から「今度の日曜日はテストも近いし、うちで勉強しよう。」と言われました。私たちは今までもどちらかの家で遊んだり勉強したりすることはありましたが、家族の人がいつもいっしょにいました。でも聞くと、今度は、A君の両親は親戚のところに用事があって、家にはA君しかいないというのです。

　私の悩みはもう分かってもらえたと思います。断ってA君に嫌われたくは絶対にありません。でも二人きりになるということは中学生にはまだ早いような気がします。考えすぎでしょうか。A君のことは信じたいし、でも……。考えれば考えるほど迷ってしまうのです。私はどうしたらよいでしょうか。

◆男子は男子の気持ちを、女子は女子の気持ちを考えてまとめてください。

1．家族の人がいないときに、家で勉強をしようと言ったのはどういう気持ちからでしょうか。女子をどう思っているのかを考えながら、男子の気持ちを書いてください。	1．家族の人がいないときに、家で勉強をしようと言われて悩んでいるのはどうしてでしょうか。男子をどう思っているのかを考えながら、女子の気持ちを書いてください。

資料③ ワークシート 少女へのアドバイス用の手紙

○この少女に対して、あなたから（あなたたちから）アドバイスの手紙を書いてみましょう。
少女へ
年　　組　名前

資料④ 「あなたは、異性からつき合いを求められたらどうしますか？」

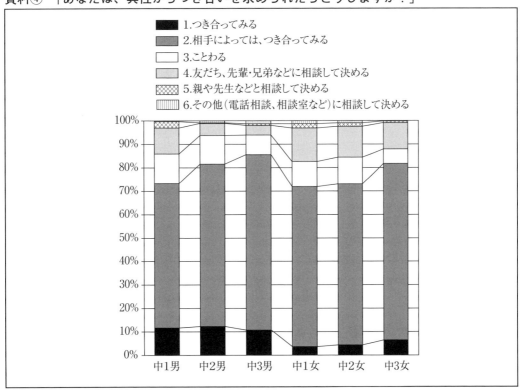

凡例：
- 1.つき合ってみる
- 2.相手によっては、つき合ってみる
- 3.ことわる
- 4.友だち、先輩・兄弟などに相談して決める
- 5.親や先生などと相談して決める
- 6.その他（電話相談、相談室など）に相談して決める

（東京都性教育研究会 2014 年調査報告）

中学校 3 年生

⑲ 人権の尊重と 性感染症（エイズ）

社会

❶ 主題名

「性感染者への内なる偏見の気づきと社会生活での基本的人権の尊重」

❷ 主題について

　性感染者の人権を尊重することや、性感染症のリスク回避のために行う自己主張・表現に消極性が伴うのは、「どのような考えが自分の内にあるからだろうか」を考える。社会科公民的分野の大きなねらいは、生徒は現代社会を構成する一市民であり、「自分はどのような社会に生きているのだろうか」という視点で、この社会に生きる指針を多面的・多角的に理解・考察し、表現していくことである。

　基本的人権は、自由権・平等権などの人権獲得の歴史から、特に自分自身の人権保障の視点に陥りやすい。しかし、ライフサイクルの状況により現代社会でも人権の保障がされているとは言いがたい場面があることを理解し、どのように人権が侵害されるのかということを学習する必要がある。お互いの人権がぶつかり合った時、紛争の解決のしかたにはどのようなものがあるのかを制度的に理解するだけではなく、一人一人が、お互いの存在を尊重し合う心の中に、内なる偏見・差別を解決する道筋があるという視点で授業を展開したい。

❸ 本時のねらい

　私たちの社会生活の中では、自分を大切にすることよりも他人に嫌われたくないと思う気持ちで行動する場面がある。「お互いに、相手の気持ちを思うように自分の体や気持ちを大切に思えるだろうか」という問いを性感染症にかかわる場面で考察し、「感染を予防するための知識」をどのように活かせるか、グループワークを用いて、学びを深める。

❹ 他の学年・教科・領域との関連

　社会科「公民的分野」の「私たちと現代社会」では、私たちが生きる現代社会の特色とその影響について考察し、現代社会をとらえる枠組みとして対立と合意、効率と公正について学習する領域が、本時の学習内容である「内なる偏見に気づき、社会生活で人権を尊重する」に関連する。

　中でも、人間は本来社会的存在であることをもとに、個人の尊厳と両性の本質的平等、契約の重要性やそれを守ることの意義及び個人の責任について学ぶ領域と関連が深い。また、「人権の尊重」との関連では、特別の教科「道徳」の内容項目Ａ「主として自分自身に関すること［自主、自律、自由と責任］」、内容項目Ｂ「主として人との関わりに関す

ること［相互理解、寛容］」、内容項目 C「主として集団や社会との関わりに関すること［公正、公平、社会正義］」が人権尊重の基盤といえる。

❺　**教材・教具**
- ワークシート 1 （資料①）
- ワークシート 2 （資料②）
- 東京都福祉保健局健康安全部感染症対対策課エイズ対策係 / 編集「職場と HIV/ エイズハンドブック（HIV 陽性者とともに働くみなさまへ）」（資料③）
  https://www.fukushihoken.metro.tokyo.lg.jp/iryo/koho/kansen.files/
  work_and_hiv_handbook_employee.pdf

❻　**評価・評価資料**
①評価の観点
【知識・技能】尊重されるべき人権には何があるか理解している。情報を探し、資料から自分なりに考え、意見をもち、記述できる。
【思考力・判断力・表現力】差別や偏見について自分なりに考え、意見を述べることができる。
【学びに向かう力・人間性】課題について関心をもって主体的に取り組み、偏見について疑問や感想をもつことができる。
②評価資料　　観察　ワークシート 1　ワークシート 2

❼　**指導案**

段階	学習内容・活動	教師のはたらきかけ	評価・評価資料等
導入5分	①働く場所で、社会にある差別には何があったか、差別意識払拭のためにどのような支援策がとられたか。 （例：労働基準法、男女雇用機会均等法、障害者差別解消法など）	これまでの歴史的・地理的学習から地域・学級の実態に合わせて慎重に取り扱う。	基本的人権には何があるかを理解している。 ＊観察
展開35分	・ワークシート1のQ1の課題に記入する。「Q1　もし、あなたがコンビニでアルバイトをしていて、一緒に働いている人が①〜④だったら心の中でどのように思いますか」	・ワークシート1のQ1自由意見の記述を促す。	課題に関心をもって取り組んでいる。 ＊観察、ワークシート

展開 35分	「Q2　Q1の①〜④の人は感染や治療、治癒についてそれぞれどのような違いがあると思いますか」 ・Q2①〜④の感染・治療・治癒について説明を聞く。HIV陽性者は服薬治療の慢性疾患であることを確認し、感染後の生活の見通しをもつ。 ・ワークシート2「性感染症を避けるために自分たちができそうなことは、どんなことがあるだろう」について4人程度のグループでアイデアを出し合う。 ・各グループから一つ発表する。グループ間で相互に内容を共有する。 ・感想をもつ。	Q2生徒が自分の考えを表現するように支援する。 ・正しい知識を確認し、予後の見通しをもたせる。 ・アイデアを出すのが難しい場合は感想でもよいから話し合いに参加するよう促す。	 既習知識を踏まえ自分の考えを表現している。 ＊観察、ワークシート
まとめ 10分	・『職場とHIV／エイズ　ハンドブック』「HIV陽性者と職場、一緒に働くなかで」を読み、一緒に働く人に知ってほしいことを確認する。 ・HIV陽性者へ配慮ができる職場は誰にとって働きやすい職場かを考え、この時間に分かったこと、思ったことをワークシートに記入する。	HIV陽性者へ配慮ができる職場は、誰もが働きやすい職場につながることを理解させる。	お互いの人権を尊重するということを具体的に理解する。 ＊ワークシート

❽　授業を進める上での留意点

　Q1については心の中の差別・偏見を記述するため、生徒の意見を表現する場面は状況により設定しなくてもよい。ワークシート2のグループワークは、学級の習熟度によるが、言いやすい雰囲気をつくるためグループサイズは4人程度にとどめ、同性同士で組むなどの工夫が必要である。

　最初に教師の方から「例えば、服薬を一生続けるのは嫌なのに、感染について心配しない相手はどうなのだろうか」「もしアイドルに誘われたらどうだろうか」「自分の体のケアと、嫌われたくない、のどちらが大切に思えるだろうか」などの問いかけがあったほうが話しやすいと思われる。意見・感想を出せるよう促すが、話すことが難しい生活環境の生徒に配慮し、無理強いはせず「パスあり」などの配慮は必要である。

❾　資料

資料①ワークシート 1

年　　組　名前

Q 1　もし、あなたがコンビニでアルバイトをしていて、一緒に働いている人が①
　　　～④だったら心の中でどのように思いますか

①半身不随など身体的な障害がある人だったら

②インフルエンザにかかっている人だったら

③糖尿病や肝炎など慢性疾患にかかっている人だったら

④HIV に感染している人だったら

Q 2　Q 1 の①～④の人は、感染や治療・治癒についてそれぞれどのような違いが
　　　あると思いますか（太字は解答）

①半身不随など身体的な障害がある人だったら
　感染しない　完治しない　補助具で対応可

②インフルエンザにかかっている人だったら
　感染する（空気・飛沫感染）　完治する　他のタイプのインフルエンザには感染する

③糖尿病や肝炎など慢性疾患にかかっている人だったら
　感染しない　完治しない　服薬治療の慢性疾患

④HIV に感染している人だったら
　感染する　完治しない　服薬治療の慢性疾患
　（感染経路は 3 つ：性行為　注射針共用　HIV 陽性者の産道経由出産。いずれも対応策があ
　り感染の可能性は低い。HIV 陽性者でも帝王切開で妊娠出産が可能）

資料②ワークシート2（グループワーク）

Q3　性感染症を避けるために、自分たちができることにはどんなことがあるだろう

Q4　今日の授業を振り返って、分かったこと、思ったことを書いてみよう

資料③

東京都保健福祉局健康安全部感染症対策課エイズ対策係パンフレット

「職場と HIV/ エイズ　ハンドブック（HIV 陽性者とともに働くみなさまへ）」

https://www.fukushihoken.metro.tokyo.lg.jp/iryo/koho/kansen.files/

work_and_hiv_handbook_employee.pdf

HIV陽性者の声

HIV陽性者が職場で実際にどのような経験をしているか、生の声を取材しました。

感染がわかったときに感じたこと

感染がわかったとき、対人接触が多い業種だったので、仕事を続けることに躊躇しました。実際には、働いても問題はないと主治医には言われたのですが…。　Aさん

やはり病名や障害名を職場に伝えるべきかどうかは迷いましたね。多くの人は言っていないと思うし。　Bさん

HIV陽性という検査結果がわかったときは不安になることもあったけれど、社会の一員として働きたいという思いが一番にありました。　Cさん

仕事と療養生活との両立

今の職場は、障害者雇用枠で入社したので、日頃から通院予定などを上司に伝えておくようにしていました。ですので、急な体調不良で休みをとらなければならなくなったときにも柔軟に対応してもらえました。　Aさん

職場には病気のことを明かしていません。通院のために休みを取らなければならない時には気を揉みます。　Bさん

体調が安定しているので、通院は仕事に影響がない時間にしており、特に問題にはなっていません。　Cさん

以前の職場で病気を持っていることを告げられず、残業や休日出勤の連続で身体を壊しました。それからは体調に気を遣うようになりました。　Dさん

⑳エイズと性感染症予防

保健体育

❶ 主 題 名

「エイズ、性感染症ってどんな病気？」

❷ 主題について

　HIV の感染者数は、日本国内でも年間 940 件（2017 年）であり、１日当たり約３人が感染していることになる。生徒の耳にはなかなか入ってこない病原体で、生徒の認知も薄いと感じる。メディアで頻繁に取り上げられている問題ではないが故に、身近なものとしてとらえられていない。世界で問題視され、正しい知識さえあれば自他を守れる病気であるため、正しい知識が必要である。また、性的接触が感染経路のほとんどであり、そのほとんどが知識の薄さによるといっても過言ではない。次世代を担う生徒たちが、エイズの問題と向き合うことで正しい知識とともに社会の一員としての自覚をもたせたい。

　また、異性間、同性間、両性間とジェンダー的問題も兼ね合うエイズの問題は、身近な問題としてとらえたり、人権について考えたりする機会としていくのにも大切である。

❸ 本時のねらい

①エイズ及び性感染症の疾病概念や感染経路について理解できるようにするとともに、予防方法を身に付ける態度を養う。また、性感染症の増加と低年齢化が社会問題であることから自分事としてとらえる。

②病気や健康にかかわる事柄について、調べたり学んだりすることの重要性を理解させる。

❹ 他の学年・教科・領域との関連

　人権を尊重する視点をもちながら、予防方法の正しい理解を図る。また、学級活動における「異性の理解と協力（かかわり）」（指導事例⑱）、社会科の「現代社会と私たちの生活」（指導事例⑯）、「人権の尊重と性感染症（エイズ）」（指導事例⑲）の内容と関連を図る。

❺ 教材・教具

①ワークシート（エイズの予防①、②、性感染症の予防）　　②患者情報カード

③タブレット端末（PC 室）　　④画用紙

❻ 評価・評価資料

①評価

- エイズの特徴を導き出し、理解する。（知識―ワークシート）

・エイズの感染経路や予防方法を考え、理解する。（知識—ワークシート）

・情報収集と予防方法を実践できる態度を養う。（学びに向かう力）

②**評価資料**　　観察、ワークシート

❼　**指導案**

1時限目

段階	学習内容・活動	教師のはたらきかけ	評価・評価資料等
導入5分	1.挨拶・出席確認をする。		
	自覚症状のない病から、自分の身はどのようにして守るのか。		
	2.発問から病気の予防法への関心をもち、患者情報カードとルールプリントを見て取組を理解する。	○グループにし、プリントを活用して、患者情報からエイズの概要を導き出すように促し、活動を理解させる。 ・資料（エイズの予防①） 　　　（患者情報カード）	
展開 35分	**次の情報をもとに、社会的問題となっている病気の概要をグループで導き出し、予防法を考えよう**		
	3.エイズの特徴を導き出し整理してプリントに書き出す。 4.ワークシートの答え合わせをする。 5.知識から、HIVの予防法を考える。 6.HIVの予防方法を知る。	○30分間のグループワークの間は巡視し、意欲的に取り組めるよう促す。 ○解答を照らし合わせながら、解説を加えて理解を深めさせていく。 ○感染経路等の知識から、どうすればHIVを予防できるか考えさせ発言させる。 ○教師が予防法を示すとともに、改めて検査の重要性について理解させる（保健所のみならず検査キットも紹介）。	・エイズの特徴を導き出し、理解する。（知識ワークシート）
まとめ10分	7.説話からエイズ問題に関心を寄せ、予防方法を確立させる。	○ ActAgainstAIDSのHPのポスターを見せながら、知識があるからこそ自他を守ることができることを認識させ、予防法は生きていく上で選択することを伝える。そして、検査の価値に気づかせる。また、本時のように、知らないことや不安なことに対する情報収集の価値について理解させる。	・エイズを身近な問題ととらえ、予防法の実践と情報収集する態度を養う。（学びに向かう力ワークシート）

2時限目

段階	学習内容・活動	教師のはたらきかけ	評価・評価資料等
導入 5分	1. 挨拶・出席確認をする。 2. エイズの概要について復習し、他にも知るべき性感染症があることを理解する。	○前回までの復習を通して、他にも身近にある性感染症があることを理解させる。	
展 開 35分	**エイズ以外の性感染症について学び合おう** 3. 発表のしかたや準備について理解する。 4. グループ内で性感染症について調べ、発表の準備をする。〈20分〉 5. 発表グループを編成し、グループ内で発表したり聞いたりする。〈10分〉 6. 調べたり聞いたりした内容と病気の概要の答え合わせをする。 7. 予防方法の共通点から、予防法を理解する。	○グループ毎にワークシートの疑問1～6を担当させて調べさせ、プレゼンする準備をさせる。また、本当に正しい情報なのか複数のサイトで確認するように促す。 ○6グループのそれぞれの生徒全員がいるグループを再編させ、グループ内で画用紙1枚1分を条件に発表させ情報を共有させる。 ○教師が答え合わせをしながら、正しい知識を確認していく。 ○性感染症の予防方法は、前時で学んだように病気の疑いのある相手との性的接触を避けることとコンドームの着用、検査であることを気づかせ、その重要性について理解させる。	
まとめ 10分	8. エイズを含めた性感染症を学んで、どのように自他の健康を守り生きていこうと思ったか書く。	○性感染症の予防を理解した上で、自身の生き方について考えさせ書くように促す。	・情報収集と予防方法を実践できる態度を養う。 （学びに向かう力資料）

❽ 授業を進める上での留意点

①タブレット端末の使用が、他の授業でも取り入れられ操作が容易であること。

②資料、情報と対話のみならず、グループとの対話から答えを導き出すというゲーム性と探究的活動を通して関心をかきたてること。

③患者情報カードの難易度が高ければ、一覧にするなど生徒観を把握すること。

④新しい知識から、情報収集や自他の健康のために学ぶことの重要性にふれること。

⑤HIV感染率は、同性同士のものが多いため取り扱いや説明には十分配慮すること。

⑥HIV検査キットは簡易であるが、正確さは100%ではないことを添えること。

※ HIV について時間の確保や、総合的な学習の時間や学級活動が活用できる場合は、エイズの予防②のワークシートを活用し、以下のように発展的に進めることも効果的である。

【ねらい】
○エイズの詳細から、自他のより良い生き方や健康について考える。(学びに向かう力ワークシート)
○自分の知識や情報を、工夫して伝えようと表現している。(思考―― 観察)

段階	学習内容・活動	教師のはたらきかけ	評価・評価資料等
導入10分	1. 挨拶・出席確認をする。 2. エイズの概要について復習する。	○タブレット (PC) を配付して、起動させておく。 ○エイズの予防②を配付して、知識面を復習し本時の流れを説明し理解させる。	
展開30分	**エイズの概要の疑問をもとに知識を深め、自身の生き方について考えよう**		
	3. エイズの概要から考えられる疑問を一つ担当し、それに対して、考えたり調べたりする。(グループ)〈20分〉 4. 発表グループを編成し、グループ内で発表したり聞いたりする。 5. 全体で疑問についての答え合わせをする。	○グループ毎に(1)〜(6)の疑問を割り当て、グループ毎に調べさせ、プレゼンする準備をさせる。 ○6グループの生徒全員を再編させ、グループ内で画用紙1枚1分を条件に情報を共有する。 ○教師が答え合わせをしながら、正しい知識を確認させ、理解を深めていく。	• 自分の知識や情報を、工夫して伝えようと表現している。(思考―― 観察)
まとめ10分	6. エイズを含めた性感染症を学んで、どのように自他の健康を守り生きていこうと思ったか書く。	○性感染症の予防を理解した上で、自身の生き方について考えさせ書くように促す。	• エイズの詳細から、より良い生き方や健康について考える。(学びに向かう力ワークシート)

エイズの予防①

チームへの指示書①

> **課題**
> 情報カードから、エイズ（ADIS）という病気の概要を導き出そう。

　チーム全員で協力して、課題を解決してください。

　そのために必要な情報は、あなた方に配られた患者情報カードの中にあります。
各自が持っている情報は、口頭でのみ伝え合ってください。他の人の情報紙を見たり、
自分の情報カードを渡したり、見せたりすることはできません。スタートの合図か
ら30分で、作業は打ち切られます。30分後に、（1）～（5）までの（　　　）内を埋
めてください。

(1) 病気、症状について

　　HIVとは（　　　　　）である。

　　エイズ（AIDS）とは（　　　　　　　　　）である。

　　病名名称→（　　　　　）

(2) 感染経路について

　　感染経路は主に（　　　　　　）であり、その他に血液感染、母子感染がある。

(3) 潜伏期間、発症について

エイズの発症は、おおよそ（　　　　　）から（　　　　　）以上で、発症しない場
合もある。

(4) 早期発見、早期治療について

　　感染しているかの確認は（　　　　　　）するしかない。

(5) 年齢について

　　HIV感染及びエイズ患者が一番多く報告されている年代は

　　（　　　　　）歳代～（　　　　　　）歳代である。

患者情報カード

1	名　前	Ａさん	5	名　前	Ｅさん
	性　別	男性		性　別	女性
	感染経路（原因）	性的接触		感染経路（原因）	性的接触
2	名　前	Ｂさん	6	名　前	Ｆさん
	性　別	男性		性　別	男性
	感染経路（原因）	性的接触		感染経路（原因）	性的接触
3	名　前	Ｃさん	7	名　前	Ａさん
	性　別	女性		感染時期	15歳4カ月
	感染経路（原因）	不明		年　齢	25歳1カ月
4	名　前	Ｄさん	8	名　前	Ｂさん
	性　別	男性		感染時期	18歳0カ月
	感染経路（原因）	性的接触		年　齢	20歳1カ月
9	名　前	Ｃさん	13	名　前	Ａさん
	感染時期	22歳8カ月		発症時期	していない
	年　齢	51歳		発見（認知）時期	していない
10	名　前	Ｄさん	14	名　前	Ｂさん
	感染時期	29歳0カ月		発症時期	18歳4カ月
	年　齢	42歳4カ月		発見（認知）時期	18歳5カ月
11	名　前	Ｅさん	15	名　前	Ｃさん
	感染時期	不明		発症時期	していない
	年　齢	20歳10カ月		発見（認知）時期	24歳3カ月
12	名　前	Ｆさん	16	名　前	Ｄさん
	感染時期	25歳6カ月		発症時期	39歳0カ月
	年　齢	35歳7カ月		発見（認知）時期	40歳4カ月
17	名　前	Ｅさん	21	名　前	Ｃさん
	発症時期	していない		発見(認知)方法	ブライダルチェック（結婚を機に検査）
	発見（認知）時期	20歳2カ月		病　名	HIV感染者
18	名　前	Ｆさん	22	名　前	Ｄさん
	発症時期	していない		発見（認知）方法	診察・検査
	発見（認知）時期	29歳3カ月		病　名	エイズ患者
19	名　前	Ａさん	23	名　前	Ｅさん
	発見（認知）方法	診察・検査		発見（認知）方法	20歳を機に検査
	病　名	HIV感染者		病　名	HIV感染者
20	名　前	Ｂさん	24	名　前	Ｆさん
	発見（認知）方法	診察・検査		発見（認知）方法	保健所の検査
	病　名	エイズ患者		病　名	HIV感染者

性感染症の予防

年　　組　氏名

　┌──────────────┐
　│ チームへの指示書 │
　└──────────────┘

①　指定された病気について概要をタブレット（PC）や教科書で調べ、グループ内で発表する準備をしなさい。グループ内で発表する際には画用紙1枚を使用し、1分間で以下の概要にはふれること。また、これは知っておくべきだと思う情報を添えなさい。〈20分〉

> ・病　　名
> ・病原体名：
> ・潜伏期間：
> ・症　　状：
> ・予 防 法：
> ・＋α：

②　次の発表グループ編成に移動し、それぞれが調べた内容について1分で発表する。また、仲間の発表を聞き取り、下記の性感染症の概要を記入しなさい。〈6〜10分〉

プレゼン作成、調べ学習グループ　編成　　→　　　　発表グループ編成

5	5		3	3		1	1		1	4		1	4		1	4
5	5		3	3		1	1		2	5		2	5		2	5
5	5		3	3		1	1		3	6		3	6		3	6

→

6	6		4	4		2	2		1	4		1	4		1	4
6	6		4	4		2	2		2	5		2	5		2	5
6	6		4	4		2	2		3	6		3	6		3	6

（1）性感染症の概要について書き示しなさい。

病名	病原体	潜伏期間	症状	予防法	＋α
性器クラミジア感染症					
淋菌感染症					
性器ヘルペス感染症					
梅毒					
尖圭コンジローマ					
腟トリコモナス原虫					

（2）エイズを含めた性感染症の授業を通して予防法まで理解した上で、今後の自他の健康をどのように守り、生きていこうと思ったか書きなさい。

>

エイズの予防②

年　　組　氏名

チームへの指示書②

① 前回の【エイズの予防①】から下記の（1）～（6）の疑問を担当し、考えたり
タブレット（PC）で調べたりして発表する準備をしなさい。グループで、情報は共有
してよい。＋ɑで、紹介したい情報を1つ以上添えなさい。〈20分〉

発表について

・発表グループで全員が行う
・時間は1分
・使ってよいものは言葉と画用紙1枚に書いたもの

② 次の発表グループ編成に移動し、それぞれが知らべた内容について1分で発表しなさい。
〈6～10分〉

プレゼン作成、調べ学習グループ編成　　　→　　　　　　発表グループ編成

5	5
5	5
5	5

3	3
3	3
3	3

1	1
1	1
1	1

→

1	4
2	5
3	6

1	4
2	5
3	6

1	4
2	5
3	6

6	6
6	6
6	6

4	4
4	4
4	4

2	2
2	2
2	2

1	4
2	5
3	6

1	4
2	5
3	6

1	4
2	5
3	6

(1) 病気、症状について

HIV とは（　病原体（ウイルス名）　）で AIDS とは（　病名　）である。

病名名称→（　　　後天性免疫不全症候群　　　）

疑問1→病気の 特徴や症状 を考えたり調べたりしてみよう。

(2) 感染経路について

感染経路は主に（　　性的接触　　）であり、その他に血液感染、母子感染がある。

疑問2→血液感染や母子感染というのは、 どのような場面で起こる のだろうか考えたり調
べたりしよう。また、3つの感染経路から、 HIV は何に潜んでいる のか、考えたり調べた
りして○で囲もう。

涙、唾液、汗、血液、精液、粘液、尿、便

(3) エイズの発症について

エイズの発症は、おおよそ（4か月）から（10年）以上で、発症しない場合もある。

疑問3→発症するまでが長くなる可能性あることから、どんな危険性があるのか考えたり調
べたりしてよう。

(4) 早期発見、早期治療について

感染しているかの確認は（　　検査　　）するしかない。

疑問4→検査は どこで、どのようにしたらできるのか 考えたり調べたりしてみよう。

(5) 年齢について

HIV 感染及び AIDS 患者が一番多く報告されている年代は（20）歳代～（30）歳である。

疑問5→なぜ この年代が多い のだろう？　考えたり調べたりしてみよう。

(6) 人権について

疑問6→感染している人、発症している人とどのように接していけば自他の人権が守れるの
か考えたり調べたりしてみよう。

感想

①自分の裸の写真がSNSで拡散してしまった女子

【事例の概要】

　中1女子のB子は、中学校の入学祝いにスマートフォンを買ってもらった。以前より好意を寄せていた同級生のC男とメールのやり取りを始めた。C男はB子とのメールのやり取りの中で、B子が自分に好意を寄せていることを知ると、B子に対し、「B子の裸が見たい。裸の写真をメールで送ってほしい。」と要求するようになった。はじめはB子も拒否していたが、C男が何度も要求してきたのと、好意を寄せていたC男に嫌われるのを恐れて「顔が写っていないのならいいよ。」と、首から下の裸の写真をメールに添付して、C男に送ってしまった。

　数日後、同じ学年の男子70人以上が登録していたグループLINEに、B子の裸の写真が掲載されているのを、保護者の一人が見つけ、学校に報告してきた。

【事例の分析】

　現代社会は携帯電話及びスマートフォン等の通信機器の発達・普及により、自分で撮影した写真を瞬時に世界中に拡散させることができる。

　しかし、本事例のように、いったんインターネット上で拡散した写真等のデータは、すべて消去することは不可能である。載せるのは簡単だが、取り消すことはとても難しいことから、このことを「デジタルタトゥー」とも言う。

　また、別れた元交際相手が仕返しに、相手の裸の写真や動画などを無断でネット上に公開する、いわゆる「リベンジポルノ」等も社会問題になっている。

　2018年の調査では中学生の7割以上が、スマートフォンをもっているというデータがある。その他に、パソコンやゲーム機などのインターネットにつながる機器を含めると、ほとんどの中学生が自宅でネット社会に接することができる環境にある。中学校入学当初に、スマートフォン等のインターネットにつながる機器の扱いと、その危険性について指導する必要がある。

【相談の過程、対応の実際】

1. 関係者への対応

　報告をしてきた家庭の生徒を糸口に情報をたどり、関係生徒を割り出し、情報を整理してみた。すると、C男は仲の良いクラスメートのD男一人だけに、B子の写真を転送したが、D男は数人に転送し、その中の一人がグループLINEに掲載したようだ。

　学校側は、LINEグループ全員に対し、スマートフォン等を学校にもってこさせ、その場でB子の写真を削除させた。さらに、他の場所に保存していないか、転送していないか

を確認した。また、個人情報を無断で拡散させることは犯罪行為であることを指導した。

2．B子とC男への対応

担任より、B子と保護者に経緯を報告すると、B子はそのことを初めて知り、かなりショックを受けていたようだ。安易にプライベートの写真をSNS等で扱うことの危険性を説明し、2度としないことを約束した。

C男に対しては、B子が自分に好意を寄せていることを利用して、プライベートな写真を送らせたことは、人として許せる行為ではないことや、それが原因で結果的にネット上に拡散してしまったことの重大性を論し、B子に謝罪させた。

3．その後の経過

幸いそれ以上の拡散の情報はなかったが、学校はこのことを重大に受け止め、全校集会を開いて、SNS等での個人情報の扱いや、ネット上の個人情報の拡散の危険性を指導した。

また、緊急保護者会を開き、事件の経緯と今後の対策を報告し、改めてスマートフォン等の扱いについて、各家庭での協力を依頼した。

【事例における支援のポイント】

1．ネット上にプライベートの写真や動画が流出・拡散することは、容易に起こりうること、そしていったんネット上で拡散した写真等のデータは、すべて消去することは不可能であることを十分理解させる。
2．相手の好意を利用することは人として許せないこと、また、たとえ好きな相手の要求であっても、嫌な行為は、はっきり断る勇気をもつことの大切さを十分理解させる。
3．今回の事例は、児童ポルノ禁止法（資料）に抵触する恐れもあるので、場合によっては、そのことをしっかり押さえて指導することも必要である。

【資料】　児童ポルノ禁止法

衣服をつけずに性的類似行為などをしたり、衣服をはだけて性器や胸を見せ、性欲を刺激させたりする子ども（18歳未満）の写真など。2014年の改正児童買春・児童ポルノ禁止法施行で、提供目的所持だけでなく、自ら性的好奇心を満たすために所持する行為への罰則も新設された。（2017年7月31日　朝日新聞　朝刊）

個別指導事例

② 自己の性別に違和感をもつ生徒への対応

【事例の概要】

　年度当初、保健室の養護教諭のところに、3年女子A子が相談に来た。相談内容は、内科検診を受けたくないとのこと。

　詳しく事情を聴いてみると、中学校入学以前から、自分が女子であることに少しずつ違和感をもつようになった。そして中学校に入学してからは、男女が別々に活動する場面が多くなり、自分が女子の集団にいることに苦痛を感じるようになったという。

　本人は、家族にも友人にも相談できず、中学校での2年間、自分は異常ではないかと悩み続けていた。

　養護教諭は、管理職と当該学年の教員に相談し、対応を検討した。

【事例の分析】

　性同一性障害と診断される子どもは、規模の大きな学校であれば一人ぐらいいるとされる。しかし本事例のA子のように、誰にも相談できず、ジェンダークリニック等の医療機関で受診することもなく、自分の性別に違和感をもっている子どもの数は計り知れない。

　また、思春期を経て違和感が減少したり、消滅したり、性同一性障害ではなく同性愛であることが判明する場合もある。しかし、これらの子どもはすべて支援の対象であることにかわりはない。（ふくろう出版『封じ込められた子ども、その心を聴く』中塚幹也著より一部を参考にした）

　本事例のA子の場合、家族や友人に相談できないでいるので、学校としての初期の対応や配慮は、本人の意向を尊重するために綿密に話し合い、支援に携わる教職員の人選も慎重かつ最小限にとどめる必要がある。

【具体的対応】

1. 本人への対応

　まずは、相談に来てくれたこと、誰にも言えなかったことを打ち明けてくれたことに対し感謝し、肯定的にとらえさせた。そして、本人の不安や悩みを少しでも解消できるように、「人の性別は様々であり、心の性と体の性が必ずしも一致するわけではない。自己の性に違和感があっても、決して異常ではなく、自分らしさの一つであること」また、「この時期（思春期）はまだ、心も体も成長過程なので、今後、気持ちに変化があるかもしれないが、今の気持ちは大切にしていくこと」を伝えた。

　当初、A子はこのことを養護教諭以外には知られたくないと言っていたが、学校として本人の意向を大切にし、配慮する内容を実施するためには、少なくとも学年の先生方等に

は、伝えておかなければいけないことを伝えると、納得した。

　後日、管理職と学年教員に事情を説明し了承を得て、内科検診等は本人だけ時差を設けて受診した。

2．修学旅行での対応

　修学旅行の事前指導が始まると、修学旅行に行きたくないともらした。理由を聞くと、女子の部屋に泊まることや、入浴が耐えられないとのこと。

　管理職を含めた学年での打ち合わせで検討して、宿泊は養護教諭の部屋で、入浴は女性教員の部屋の浴室を使用することになった。本人にそれらを伝えると、安心した様子であった。

　修学旅行当日は、本人が宿泊部屋は我慢するといい、入浴だけ配慮した。

3．その後の経過

　養護教諭が理解してくれたことや、学校側が配慮してくれたことで安心したのか、修学旅行後は特に悩みを言い出さず卒業まで過ごした。

【事例における支援のポイント】

①人の性は様々であり、性自認や性指向がその人の自分らしさの一部であるとのとらえ方を伝え、自己肯定感をなくさないようにする。

②本人が周囲の人たちにカミングアウトするしないにかかわらず、学校全体として、多様な人権を受け入れ、それぞれが自分らしさを発揮できるような環境づくりが必要である。

③ 性同一性障害の診断を受けた生徒への対応

個別指導事例

【事例の概要】

〈入学前〉

中学校新入生説明会で、赤いランドセルを背負った女の子らしい男の子がいた。ピンクのズボンで髪が長く、男子と言われなければ男の子だと気づかない児童であった。小学校からの引継ぎによると、本人（男子中学生）は性同一性障害の診断を受けており、小柄で運動神経が良く強気な性格で、良い面もあるが、集団になると近寄りがたい雰囲気を出すところがあった。また、女子の集団の中心人物の一人でもあった。

〈保護者の要望〉

中学校入学前の３月に、入学予定の男子生徒保護者から、女子の制服を着せて学校に通わせたい、そうでなければ本人は学校に行かないとの相談があった。学校は、「本人や保護者の意向に寄り添う」中で話を進め、できるだけ希望に添えるようにしていくが、希望に添えないこともあることを伝え、保護者・本人の了承を得た。

【事例の分析】

性同一性障害の診断をされている男子生徒の受け入れにあたって、本校では試行錯誤をくり返しながらの対応を継続し、卒業まで至った。決して楽な道ではなかったが、本人の努力、生徒、保護者、教職員の理解により乗り越えてきた。当生徒が入学するときは、まだLGBTという言葉も定着しておらず、前例もほとんどない状況でのスタートであった。

例えば、標準服はスカート着用可にするのか。入学式の入場をどうするか。教室の座席（男子列か女子列か）、身体計測のグループはどうするか。トイレはどこを使用するか。入学式後に保護者方に説明をしてもよいか。学年の生徒に話をしてもよいかなど入学当初より対応することが山積みであった。

【具体的対応】

〈教職員の共通理解〉

学校のスタンスは、「本人と家族の意向に寄り添う」ということを共通理解し、対応を進めた。また、次のことを学校全体で確認した。

①学校に保護者から何かしらの要求がきたとき、学校の対応が人権上の問題や法的なトラブルにならないよう、ジェンダークリニック等の専門医や弁護士など関係機関にも相談していく。

②本人や保護者と良好な関係をつくるために、学校だけでなく教育委員会とも綿密な連携をして対応していく。

〈学年保護者への対応〉

　入学式の後、校長が保護者に当該生徒の名前を出して話し、家庭でも話をしてもらうように伝えた。話し終えた時、式場の保護者から拍手が起こった。

（内容）

　「1年生に、心は女子で体は男の子という特性のある生徒がいます。名前はA君といいます。本人は自分の気持ちと、男の子としていなければいけない現実と様々な場面で悩みながら生活をしています。本人の気持ちを尊重しつつ、みんなの気持ちも考えて違う動きをしてもらうこともあります。どう接したらいいのか戸惑うこともあると思いますが、一人の人としてみて接してもらえたらと思います。」

　ご家庭でも話をしていただけると助かります。

〈学年生徒への対応〉

　入学後早期に、学年の生徒たちへA君のことを理解してもらう必要があると考え、学年集会の場で伝えることを計画していたが、保護者は承諾しかねていた。

　しかしその後、本人が『男子数名が自分のことを話題にしているような感じで話をしていた』と言って家で暴れた。友達がいなくて学校に行きたくないと家で騒いでいるので『早めに学年の生徒に本人のことを伝えてもらいたい』との連絡が保護者から入った。入学式で保護者に話した内容と同等の話を学年集会で生徒に伝えた。頷いて聞いている生徒が数名いた。話をした後に校長室で待機していたA君を迎えに行き、体育館に行く途中で話をしたときの様子を伝えた。「これからもA君の意に沿うようにしていくけど、みんなに理解を示してもらうように、A君にも理解をしてもらわなければならないことがある」というと頷いた。また「書類関係などは男として記入をしてもらいたい」と話すと頷いた。

〈本人及び保護者への対応と配慮〉

●1年生

　本人や保護者との対応を考慮し、保健体育科の女性教員を担任とした。入学当初から本人には役割を与え、活躍する場を設けた。また、以前は座席名等の文字の色は、男女の区別があったが、色を統一した。場面によって「男女で分かれて〜」と言った時には、アイコンタクトを取りどっちに行くのかを伝えるなど、男女をあまり意識させないクラスづくりを行った。個人用の棚が、たまたま男子列だった。本人は嫌がったが、「君が抜ければ次の女子が入るので、男子扱いをしているわけではない」と伝えると「それならいいです」と納得した。委員会にも出たいと言っていたが、A君の立場が確立するまでは委員会は女子として出られないと話をした。

　保護者は、入学当初に比べ学校と協力しようとする姿勢がみられた。今の段階で困って

いることがあるか聞くと、トイレの場所がよく分からないとのこと。友達関係ではどうだったか聞くと、特に何も嫌なことは言われていないとのこと。学校で対応できることもあるが、できないこともあることを本人は理解している。保健体育は男子と一緒に行うことを伝えると少し不満そうだったが、理解を示した。学力調査で男女別にマークをする箇所は、女子の方にマークをしていた。

● 2年生

　配慮は特にせず、課題のある女子集団を分けたクラス編成を行い、学級担任は1年次と同じ教員が引き続き担当した。

　本人は、時折腹痛で学校を休むことや、腹痛でトイレに行くことがあった。体のことで何かあったら伝えてほしいと指示する程度であった。内科検診や健康診断等は2年目ということもあり、男子のいちばん後ろに並ぶことができた。

● 3年生

　担任は、卒業まで同じ保健体育科の女性教員が引き続き担当した。クラス替えでは2年の時に仲がよくなった女子生徒と一緒のクラスにした。行事によっては男子として参加したことや、頑張って取り組んだものに対しては担任が認め励まし、自己肯定感を支える指導を行った。

〈行事等の対応〉

● 内科検診

　身体計測は男子のグループに入りたくないとのことだったので、男子とは回らせない。ただ、男女で別れて計測するものがあり、他学年との接触もあるので、学年主任と一緒に回り、計測をする時は男子の方に並んだ。

● 保健体育の授業

　初めての体育の授業で、母親から女子と一緒に体育が受けられないかと連絡があった。男子が女子の授業に参加できないことを説明すると、母親はその理由を納得しているが、本人は嫌がっている様子であった。

● 部活動

　保護者から本人が女子バスケットボール部に入りたいと言っていると話が出た。本人は体を動かしたいので部活に入りたいと言った。学校としては入部を許可する方向で話を進めたが、まずは部活動保護者会で了解を得てからということになった。部活動保護者会で事情を説明し、参加をしてもよいか確認をとるため、本人と保護者が直接、保護者会で女子バスケットボール部に参加させてもらいたいことを伝えた。しかし、（男子だからという理由で）同意は得られず、入部は認められなかった。その後は入部について話をしてくることはなかった。

● 球技大会

　1年…男女ともにドッジボールを行った。本人から女子のチームで参加したいとの申し

出があったが、難しいと伝えると、当日は（球技大会が午前中だったため）午後から登校してきた。

　2年…女子の方に参加したいとは言ってこなかった。当日は登校したが、見学した。

　3年…男子の方で参加した。

● 合唱コンクール

　市のホールを使用したため、公共の場でもトイレは「誰でもトイレ」を使用することを伝えた。持ってきてはいけない腕時計を持ってきたので、決められたルールがあるときは、ルールに従うことを伝えた。

　1年…ソプラノパート、2年…アルトパート、3年…アルトパートを歌った。

　クラスの課題曲の指揮や、学年で歌う課題曲の指揮も担当した。

● 修学旅行

　部屋は男子のフロアで一人部屋。入浴は専用の部屋を用意し、部屋風呂を使用した。夕食は各部屋での食事だったので、その時だけ女子の部屋で食事をとった。その際は、教員が該当する部屋の女子生徒たちに、A君を呼んでも大丈夫か確認してから本人を呼びに行き、食事が終わったら一緒に部屋に戻った。

● 受験

　受験を行う際に保護者からの要望で「学力検査等実施上の措置申請書」を受験校に提出し、受験教室とトイレに関して配慮をしてもらった。無事に合格し、合格後は管理職同士で今後の対応についての情報交換を行った。

【まとめ】

　3年間、保護者や本人の意向にできるだけ沿えるように配慮したが、本人を特別扱いするのではなく、一人の人として、普通の中学生として指導をするように心がけた。その中でもA君が女子と一緒に活動しても大丈夫なものと、駄目なものをはっきりとさせたことがよかった。

　3年間学校に通学できた要因は、本人自身の性格の強さと小学校の頃から本人を受け入れている雰囲気があったこと、さらには、2・3年生では女子集団には属さない女子友達の存在が大きかった。そして、周りが彼を受け入れていたことが何よりだと思われる。

　今後の課題としては、生徒よりも教員がよく理解しきれずに対応してしまった場面が多々あったことで、まずは教職員がさらに理解を深め、きめ細かな配慮ができるようにすることが必要と考えられる。

④ 性感染症を疑い、悩む女子生徒

【事例の概要】

A子は中3。私が赴任した年の11月下旬、「先生、話を聞いてくれる？」と保健室来室。彼女は、私の目には、小柄でバスケットボール部の活動を一生懸命にやっている、ごくふつうの女子生徒に見えた。

「性器にかゆみやおりものがあって……」と訴えた。

来室までの経緯は、次のようなものであった。

A子はある日学校帰りに、見知らぬ20代の男性に声をかけられ、ナンパされ（合意の下で）関係をもった。

それから2週間後、B子と下校する途中で、同じ男性から再び声をかけられ、車に乗り込んだ。B子は初めてだったが、興味があったらしく、積極的について行った。

A子は「私は、気乗りはしなかったけど、B子が行くので、私も行った。初交の後は、何日も出血が止まらずたいへんだった。その後、おりものやかゆみがあって、心配なので、相談に来た」といった。

彼女との接触があまりなく、赴任したばかりの養護教諭に、A子が相談に来たのにはわけがあった。

A子が悩みを打ち明けた友達がいた。すると、「あなたの○○中学校には、○○先生がいるじゃない。その先生に相談してごらん」と、その子に言われたからだという。

その子は、私の前任校の生徒だった。そして、私たちが10年来進めてきた性教育の授業を受けていたのである。

【事例の分析】

❶異性とのつきあいについて

ナンパする側とされる側の間では、暗黙のうちに合意形成がされている。目的は明確で、底流には安易に性行為に踏み込む心理が透けている。

❷性感染症

性行為は心身に変化を及ぼす。思春期にあっては、影響が大きい。特に不特定の相手との性行為では、性感染症をはじめとする危険性も加わる。

❸正しい知識による予防行動

性についての正しい知識があれば、「行動」がもたらす「結果」を予測できる。それによって、「望まない結果」を回避する行動が取れる。

❹校内での対応

　相談者との間の信頼関係の醸成が第一条件である。その上で、最終段階で、相談者が安心して「新たな一歩」を踏み出せる環境整備も配慮しなければならない。

【相談の過程・対応の実際】

1.　本人への対応

　まずは、主訴である「おりもの・かゆみ」から、性感染症（クラミジア、梅毒、エイズetc.）への感染が心配された。そこで、性感染症についての説明をした（性感染症の種類や原因、感染経路）。また、不特定多数の相手との性行為のもたらす危険性や検査の必要性など、数日をかけて5〜6時間話をした。

　A子は、自分の取った行動がとんでもないことだということを認識した。泣きながらA子は言った。

　「性感染症について知っていたら、こんな行動はしなかった」と。

　その言葉に、やはり生徒たちへの性教育が必須であることを痛感した。

2.　管理職・職員への連絡・共通理解

　A子本人の申し出では、「他の先生方には絶対言わないで」ということだった。A子の気持ちや立場を考えれば当然の言葉である。

　しかし、養護教諭一人が抱え込んでしまうと「学校」としての対応が取れなくなってしまう。管理職はこうした事案にも深い理解があったので、私は内容を報告した。

　もちろん、A子の申し出にある気持ちを考えて、「知っているのは養護教諭だけ」を貫いていた。本人の状況をみながら日を追って生活指導主任、担任にも報告した。

3.　検査機関との連携

　A子に検査の必要性を説いたところで、すぐに保健所と連絡をとった。HIV検査の日程を調べ、日程を合わせて検査。検査にはA子がB子を伴って、2人で出かけた。

　その結果、B子は陰性。A子はクラミジアが陽性だった。受診が必要となった。

　保護者に伝えなければならない。その重要性について、時間をかけ、A子に話した。

　ようやくA子は了解した。

4.　保護者への対応

　A子の父親は暴力的とのことだった。事実を知ったときの過剰な反応が予想された。

　まずは、母親に養護教諭から事実をすべて話し、理解していただいた。その上で、父親に伝える役は、母親に一任することにした。

　彼女の治療が始まった。

【事例における支援（指導）のポイント】

❶信頼感を醸成する

　「この先生に話せば、理解してもらえる」という生徒からの評価を定着させることが必要である。

　本事例の場合は、前任校の生徒がいだいていた信頼感が後押しをした形となった。

❷人間関係をつくる

　相談にあたっては、しっかり話を聞く姿勢が大切である。共感し、本人の気持ちを尊重しながら、解決の方向に導いていく。

❸性教育の必要性

　正しい予備知識が、望まない結果を予防する。

⑤ 妊娠が発覚し、相談にきた女子生徒

【事例の概要】

　赴任した年の７月末、３年生のＣ子が保健室来室。「先生に話があるの」とうれしそう。「先輩の子どもを妊娠しているの」と続けた。自分で妊娠検査薬による検査をしたら陽性だったので分かったとのこと。

　Ｃ子には、両親がいない。母親は彼女が１歳の時に病気で他界してしまった。父親も、養子だったためその後家を出てしまい、彼女は祖父母に育てられた。

　１、２年生では運動部に所属して、関東大会・全国大会にも出場するほど活躍していた。が、２年生の後半から生活が乱れ始め、部活動をやめた。３年生になって５月の連休明けからは登校状況もまばらになっていた。

　一方、「先輩」のＤ男は、母子家庭。母親は留守がちで、Ｄ男自身きちんと育てられておらず、母親から渡されたお金を持って、コンビニの食事をとる生活を送っていた。遊び回っているようで、ときどき事件を起こし、警察にも呼ばれていた。

　Ｃ子は妊娠の事実をうれしいこととして受け止めていた。その喜びを誰かと分かち合いたくて、来室したのである。相談ではなかったのだが……。

　Ｃ子は一途でかたくななところがあった。自分の中に宿った命を喜びに感じて、産む決心をすでにしていた。どんなことがあってもその決意を貫きたいという意志を感じた。

　産婦人科を受診させた。結果は、妊娠６〜７週目。他に炎症もあった。そこで医師は、保護者と一緒に来院するようにと言った。Ｃ子は保護者に知られたり、保護者と担任が会うことをたいへん嫌がっていた。また、本人の意向を無視すれば、糸の切れた凧のように、取り返しのつかないことも考えられた。

【事例の分析】

❶本人の意志の確認と尊重

　本人の意志を確かめ、尊重することが大切と考える。最終的に意志決定をするのは本人である。そのためにも、話し合って信頼関係を築き、崩さないようにする。

❷校内での対応

　管理職・担任等への連絡をし、方向性を確認し、共通理解を図る。

❸関係者への連絡と連携

　Ｃ子・Ｄ男双方の保護者に連絡を取り、事実を伝えるとともに、医師との関係では保護

者の意向も重要になるからである。学校、その他の関係者間で調整を図り、方向性を統一する。

❹望ましい方向への模索

　生命を宿すことそれ自体は喜びである。C子本人の心身を傷つけない方策を探る。正しい理解に基づく得心であれば、「新たな歩み」への決心を導き出せると考える。

【相談の過程・対応の実際】

1. 本人への対応

　すでに夏休みは目前だったので、C子本人とじっくりと時間をかけて話し合うことができた。

　D男への思慕の念というよりも、妊娠・出産をまっとうしたいという意志がうかがえた。

　「私とそんなに歳の違わない10代の子でも、赤ちゃんを産んで育てているでしょ」とC子は言った。

　当面は本人の意志を尊重し、彼女の周辺の状況を把握することにした。

2. 管理職・職員への連絡・共通理解

　C子から報告のあった日の放課後、校長と担任に話した。彼女との人間関係を築き、周囲の大人たちの力も借りながら、「望ましい方向」を探ることを確認した。

　管理職から児童相談所に連絡を入れ、経過を把握しておくことを約束した。

3. 保護者、血縁者への連絡と連携

　医師は、本人の意志どおりに動くため、早めに家族の意志を伝えなければならない。

　C子の祖母に連絡を取った。祖母は、驚きとともにやはり「堕胎」の言葉が出かけたが、言いよどんだ。荒れ始めてからのC子は家庭内暴力に及ぶこともあり、祖母はそれを恐れた。

　他に頼りになる人の有無をたずねると、近隣に住む叔母の名があがった。C子は叔母を慕っており、素直に話を聞くこともあるようだった。連絡先を聞いた。

　また、C子の親権が未だに父親の下にあることが分かり、父親にも連絡をした。父親は、「当事者」同士で解決すればよいと考えていた。D男の母親からもC子の父親と同様の答えしか返ってこなかった。

　C子の叔母と連絡が取れた。私は、叔母と祖母との3人で話し合うことにした。その結果、本人を説得して中絶をすすめることにした。叔母の協力も得られた。

　叔母が動いた。D男はしばらくの間、C子の家に上がり込んでいたが、夏休みに入ってから連絡がついていなかった。ようやく、D男に叔母が直接会った。叔母が問いつめると

D男は、生まれてくる子の育児やC子との生活に対して全く展望や自信がなく、不安を抱えていた。

　「できたら、おろしてほしい」とD男は言った。

4.　決心

　夏休みも終わりに近づいていた。この間C子の気持ちに合わせて、私が今まで蓄えてきた性教育の資料などを与え続けていた。C子の理解も進んだ。そこへ、叔母に説得されたD男が本心を伝えた。納得はできなかったがC子は、おろす決心はできた。

　手術後、C子はD男と別れた。叔母からお礼の電話が入った。もうすぐ2学期。C子が「新しい一歩」をふつうに踏み出せるようにと、担任と共に準備に入った。

【事例における支援（指導）のポイント】
①本人の意志を尊重しながらも、変容を促す努力を怠らない。
②将来の展望を共に模索しながら、共感し、築いた人間関係を基盤に導いていく。
③状況・条件を把握し、解決の糸口となるキーパーソンとの関係をつくっていく。

⑥運動部女子の月経対策

【事例の概要】

《事例：中学2年生、水泳部女子A子さん》

A子さんは11歳で月経が始まったが、12歳頃から月経のたびに強い腹痛と腰痛が起きるようになった。なるべく我慢していたが、痛みが強いときには鎮痛剤を飲んで耐えていた。小学生の頃からスイミングスクールに通い、中学生になると県内でトップクラスの成績を収めるようになったが、大会に月経が重なると成績は落ち、時には出場できないこともあった。

今回1か月後の大事な大会に月経が重なりそうでとても不安になり、母親に相談しても月経は女性として大事なことでしかたがない、痛み止めを飲んで頑張りなさい、と言われるだけであり、指導者は男性で相談しにくく、どうすればいいのかとても悩んでいる。

【事例の分析】

月経は女性にとって健康のバロメーターともいわれ、女性ホルモンの状態を示す重要な現象である。しかし、月経に伴って下腹部痛、腰痛、腹部膨満感、吐き気、頭痛、疲労・脱力感、食欲不振、いらいら、下痢及び憂うつなどさまざまな症状が起きることがあり、このすべてを総称して月経困難症という。

こんな症状を毎月繰り返すことが果たして健康のバロメーターと言えるのであろうか。日本人女性の平均初経年齢は12歳であるが、初経以降アスリートとして活躍する10〜20年間、月経痛をはじめとした月経トラブルに苦しむ女性が多い。現代は月経をしかたのないものと諦める必要はなく、月経トラブルを回避できる方法があることを知ってほしい。競技力を高め、将来の健康にもつながる対応ができることを学んでほしい。このことはA子さんのようなアスリートだけでなくすべての女性に知ってほしい知識なのである。

【月経開始時期調節の具体的対応】

月経の役割や仕組みについて本人にていねいな説明を行った上で、低用量経口避妊薬（＝ピル、以下OCと略す）と同じ成分で月経困難症の治療薬として国が認めているLEP製剤（以下LEPと略す）という薬剤があることを伝える。

OCやLEPを服用すると月経痛そのものが軽くなるだけでなく、月経が始まる時期を自由自在に調節できることが重要なポイントである。OCとLEPの成分は全く同じなのでA子さんへの具体的な対応をOCで解説する。今回は1か月後の大会なのでOCの服用方法により大会前に月経を終了させることも、大会終了後に月経を遅らせることも可能

である。

①月経を大会前に終了させる方法

　月経期間中か月経終了後であればなるべく早く産婦人科を受診し、OC を処方されたその日から 1 日 1 錠の服用を開始する。大会の 10 日前に OC の服用を終了すると、その 1 〜 3 日後に月経が開始し、大会の数日前に月経は確実に終了する。

②月経を大会終了後に遅らせる方法

　少なくとも大会の 7 日以上前から、できれば少しでも早く 1 日 1 錠 OC の服用を開始し、大会終了日あるいは月経がいつ開始してもいい日までまで続けると、服用終了の 1 〜 3 日後に月経が開始する。

③ OC 服用を続ける

　このように月経開始日を大会の前にでも後にでも移動させることが可能であるが、今後の競技力を高めるためにも、毎月の月経痛対策のためにもこれを機会に OC 服用を続けてほしい。

【OC や LEP を使用した月経周期調節の仕組み】

①血中の女性ホルモンが一定に保たれていれば月経は起きず、女性ホルモンが低下すれば月経が始まるというのが一番大事な原則である。一般的な OC や LEP の服用方法は 1 日 1 錠をほぼ決まった時間に 21 日間服用し血中のホルモンを一定に保ち、7 日間休薬あるいはホルモンを含まない偽薬を服用すると血中のホルモンが低下して月経が始まり、結果として 28 日の規則正しい周期となる。そこで、21 日間より短い期間で服用を中止すれば、その日数だけ月経は早く始まり、21 日間より長く服用すればその日数だけ月経は遅れて始まるので月経開始日を自由自在に調節できることになる。

②ホルモン剤に対する誤解の多いわが国でも 2017 年にやっと 120 日間連続服用、4 日間休薬の LEP が処方可能となった。120 日間連続服用中月経は起きないため、年間月経回数は 3 回程度に減少する。もちろん途中で休薬期間を取ればその時点で月経が起きるので、自分の生活リズムに合わせて自由自在に月経をコントロールできることになる。海外では 365 日間連続服用、年に月経回数を 1 回にする OC も認可されている国もあることも覚えておいてほしい。

【保護者や指導者への対応】

　保護者や指導者の多くはホルモン剤というだけで副作用の多い薬剤と誤解しがちであるため、以下の説明が重要である。

①海外の多くの国では OC は 60 年の歴史があり、多くの女性が避妊や月経痛対策、月経

周期の調節などに使用していること。

② 10代女性がOCを希望した場合、無料で提供されている国もある。このことは、10代女性にとっても安全性が高いということを示している。

③ 日本産科婦人科学会ではOCを処方するときに婦人科的診察（内診）は必要ないこと、問診と血圧・体重測定だけで処方できるとしているので、この点を特に保護者に伝えること。

④ OCやLEPはドーピング禁止物質ではないこと、特に欧米のトップアスリートの多くがOCを服用してトレーニングや大会に臨んでいることを伝える。

⑤ OCやLEPは何歳から服用可能なのか、という質問をよく受ける。WHO（世界保健機関）では「服用禁忌のない女性であれば初経から閉経まで処方できる」としている。特に月経困難症を訴える女子の場合には何歳であれ既に何回もの月経を経験しているので十分に処方可能である。

【競技に月経が重なった場合の対応】

OCやLEPを服用せずに競技に月経が重なった場合の対応は鎮痛剤服用しかないが、鎮痛剤服用のポイントはなるべく早く服用することである。強い痛みになった時点で鎮痛剤を服用しても効果のないことも多いので、普段から月経痛の強いアスリートの場合には月経が開始したら痛みが軽度でも鎮痛剤を服用することである。

市販薬を含め月経痛に有効とされている鎮痛剤はドーピング禁止物質ではないが、漢方薬は禁止物質を含むこともあるので注意が必要である。

〈産婦人科医の願い〉

月経痛を代表とする月経困難症は女性アスリートだけの問題ではない。思春期から更年期までのすべての女性の生活の質や将来に影響する問題である。産婦人科は敷居が高く受診しにくいという声を多く聞くが、まずは「相談」でいいのだということを分かってほしい。

多くの女性に相談しやすい産婦人科かかりつけ医（ホームドクター）をもってほしい。これが産婦人科医としての願いである。

**個別
指導事例**

⑦包茎に悩む男子生徒

【事例の概要】

中2男子のA男は、テレビで包茎手術のCMを見て、もしかして自分も該当しているのではないかと、不安になった。そこで、スマホで包茎手術に関するサイトを調べると、包茎を放置すると、不潔になり、病気になったりして、女性に嫌われるといった内容が書かれていた。A男は、自分は異常ではないのか、治療（手術等）が必要ではないのかと益々不安になった。

ある日の放課後、学年の副担任の男性教諭のところに、A男からこの件に関して悩みがあることを相談された。

【事例の分析】

思春期の男子生徒にとって、体の変化や性器の形状や大きさについて、自分は正常なのか、または、異常ではないのかと思い悩むことは、この時期の特徴でもある。

また、現代社会は、情報機器の発達により多くの情報があふれ、なかには間違った情報や、やたらに不安をあおり、商品を買わせたり、受診させて法外な料金を支払わせたりするケースも出てきている。本事例のような包茎等については、大人でさえ正しく理解していないことが多い。教師自身が正しい知識を入手し、伝えることも必要である。

【相談の過程、対応の実際】

1.本人への対応

A男に詳しく話を聞くと、本人は仮性包茎であり、特に問題がないことが分かった。その上で、仮性包茎は異常ではないこと、入浴等でよく洗い清潔にしていれば、問題がないことを伝えると、安心した様子だった。

また、インターネットや雑誌等の情報には間違った情報や、営利目的で必要以上に不安をあおる情報もあるので、信頼のおけるサイトから情報を得ることを勧めた。

2.他の生徒への対応

A男と同じような悩みを持ち、相談できない生徒も多いので、宿泊行事の事前指導の際に男子生徒全体に次の内容を伝えた。

①身体の発達には、個人差や個体差があり、どれも異常ではない。

②不安なことがあったら、一人で悩まずいつでも相談にきてほしい。

③ネット等の情報を鵜呑みにせず、信頼のおけるサイトから情報を得る。

【事例における支援のポイント】

①まずは、言いにくいことを相談してくれたことに感謝する。

②日本人男性の７～８割は仮性包茎で、異常ではないことを伝える。（資料①）

③真性包茎やその他の異常が疑われた場合は、専門医等の受診を勧める。

　（その際、校医等から信頼のおける医療機関を紹介してもらう）

④ネットや雑誌等の情報には、仮性包茎があたかも必ず治療や手術が必要であるかのように書かれたものもあるので、信頼のおけるサイト等（資料②）を紹介する必要がある。

【資料】

資料①　日本人の多くが包茎

　性の健康と権利について研究している東海大学の小貫大輔教授と大阪府立大学の東優子教授と共同で、2019年の夏、インターネット上で調査しました。およそ4800人が回答し、その年の10月「現代性教育研究ジャーナル」（日本性教育協会）で結果の一部が公表されました。自身のふだんの見た目について、１～４のどれに当てはまるか答えてもらいました。

画１　亀頭がすべて覆われている：約43％

画２　亀頭の一部が包皮で覆われている：約30％

画３　亀頭がすべて露出していて包皮で覆われていない：約22％

画４　手術によって包皮が切除されている：約４％

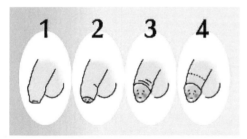

　　　　　　　　　　　　　　　　　　（いずれもふだんの状態）

　「亀頭がすべて覆われている」「亀頭の一部が包皮で覆われている」を合わせて73％。つまり日本人の多くが包茎という結果です。

　「真性」か「仮性」かは聞いていないのですが、「真性」の割合は数％程度とも言われているので、およそ70％が「仮性包茎」と考えてもよさそうです。一方、「理想と思う男性器の外見はどれか」という質問では「亀頭がすべて露出していて包皮で覆われていない」という回答が約74％とだんとつです。「多くの人は包茎なのに、そうでない状態を理想と考えている人が多い」こんなところに相談が多い背景がある気がします。

〔ＮＨＫお家で学ぼう！ for school〕

https://www3.nhk.or.jp/news/html/20191216/k10012211511000.html

資料② 信頼のおけるサイトの例

岩室紳也医師のサイト　http://iwamuro.jp/

モヤモヤ相談室　　https://seicil.com/qa09/

組織の
指導事例

① 保健委員会活動における性教育への取組

保健師さんよりのメッセージ

「思春期の君たちへ、知ってほしい！ 分かってほしい！」

思春期の心と体の変化「保健劇」から

　学校には生徒が主体的に取り組む活動に生徒会活動がある。生徒が日頃、学校や社会で起こっている様々な課題に目を向け自らの手で解決していこうとする委員会活動は、意義ある活動である。保健委員会では、ヘルスプロモーションの精神から健康への関心を生徒自ら高めていく活動が、役割の一つとして期待されている。

　近年、生徒を取り巻く社会の環境は大きく変化し、「性」に関することで課題となる事象が次から次へと起こってきている。ここで改めて、学校における「性教育」の実施に向けて考えていかなければならないと考えている。

　小学校では、「思春期の体の変化」、「病原体が主な要因となって起こる病気の予防」で、病原体が体に入るのを防ぐことや体の抵抗力を高めておくことが必要であることを学習している。

　また、中学生期は、異性への関心を強くもつようになり、異性と交際したいという欲求が高まる時期であり、一方で、性に対する規範意識の希薄化が進んでいる社会環境の中で、エイズ及び性感染症の増加傾向とその低年齢化が社会問題になっている。

　そして、中学3年の保健体育（保健分野）で学ぶ性感染症、特にエイズや梅毒等は決して過去の病気でも、他人事でもなく、一人一人が自分のこととして注意しなくてはならない身近な病気である。

　また、学校における「性教育」は、学校全体でその内容を共通理解し、組織的・計画的に実践することであり、実施については家庭・地域との連携や相互の理解を図ることが求められている。

【取組の概略】

　本校では、「総合的な学習の時間」における学校テーマを「健康教育」として、全校生徒が学習課題を決めて探究学習を実施している。また、2年生の課題学習の一つとして、地域保健所に勤務する保健師さんを講師として招き「沐浴体験」を実施している。

　そして、保健委員会は月ごとの保健目標に応じて、掲示物や委員会だよりをとおして、生徒たちへ自らの健康管理を呼びかけ、啓発活動を行っている。また、その活動のまとめとして、11月の文化祭で「保健劇」を上演することが伝統となっている。委員となる生徒の中には、そのことを目的としている生徒もいて、年間の活動の大きな位置を占めている。

　一般生徒も「今年は何がテーマ？」と関心を寄せている。過去には「未成年はなぜタバコを吸ってはいけないの？」(タバコの害)、「一度やったらやめられない(薬物乱用防止)」、「生活リズムを整え学力アップ（生活時間帯）」など、生徒が身近に感じている問題をテーマに行ってきた。

　昨年、保健師さんから「思春期における心と体の健康」について生徒の皆さんにお話をしたいという申し出もあり、本年は、保健委員会の活動として、保健師さんにご協力いただいて、「思春期の君たちへ、知ってほしい！　分かってほしい！」をテーマに「保健劇」を演出することとなった。

【活動の実際】

1. 「保健劇」のテーマの設定方法と設定理由

　テーマについては毎回、委員会生徒と養護教諭の話し合いで決めている。今回は地域保健所の保健指導の一環で、思春期真っ只中の中学生に対して「思春期について何を知りたいか」アンケートを実施し、その回答の中で多かった内容を取り上げることとなった。

　そして、委員会生徒が地域保健所を訪問し、保健師さんに相談（インタビュー形式）をして、お話を伺う場面を設定し、「保健劇」を演出していくこととした。

　「保健劇」は、限られた時間内で終幕しなければならないので、相談内容はアンケート回答の中で多かった「思春期の不安や悩み、ストレスへの対応」、「人とのつき合い方」、「性感染症について」を中心として編集することとした。他のアンケート回答については、「保健ニュース」や「健康だより」等で文化祭終了後に内容を随時掲載していくこととした。

2. 「保健劇」への取組

　　劇の題名：「思春期の君たちへ、知ってほしい！　分かってほしい！」

　　　　　　　　　　　　　　　　　　　　〜思春期の心と体の変化〜

(1) 「保健劇」上演のねらい

　①委員会の活動として定着してきている「保健劇」を通して、思春期の心や体の変化を理解し、思春期の悩みや不安のへの対応、性被害や加害にあわないように情報の選択や行動がとれるように一人一人の考えを深める。

　②「人とのつき合い方」の内容を取り上げる際は、いじめなど偏見や差別は身近なところにもあり、感染症全般の正しい知識をもち、相手をよく知ることで偏見や差別はなくすことができることを知ってもらう。

　③3年保健体育の保健分野で学ぶエイズや梅毒を含む性感染症の病気について、「保健劇」を観劇する全学年の生徒や保護者の皆様に対して等しく理解してもらい、家庭での話題提供とする。

④「保健劇」への取組を通して委員会活動の活性化を図り、委員全員で成就感（達成感）を味わうことができるようにする。

(2)「保健劇」上演までの活動状況

保健美化委員は各学年、男女各2名で構成されている場合が多い。メンバーとしては不足しており、舞台装置や効果音等は有志を募って行う。

7・8月

①劇のテーマを決め、夏休みを利用して委員生徒がそれぞれ、「思春期の心と体の変化」に関する「調べ学習」を行う。調べてきた内容から基礎知識を得、全校生徒向け「アンケート調査」内容を検討し、調査用紙を作成し、実施する。

※その際、調査内容の決定については必ず保健委員会担当（養護）教諭だけでなく管理職を含め承認を得ることが大切である。

②アンケートを集計し、その上でテーマに基づき大まかな台本案を練る。

③地域保健所を訪問し、依頼と打ち合わせを実施する。

その際、保健師さんに対してインタビュー形式で具体的なお話を伺い、動画撮影を劇中に取り入れることを前提として、保健師さんに了解を得ておくことが大切である。

※保健所に訪問する場合には、事前に学校管理職から保健所担当者（所長）に対して、直接訪問の依頼をしていただき、担当（養護）教諭が引率すること。

9月

④「調べ学習」の内容を盛り込み、担当（養護）教諭と委員長、副委員長が中心となって「台本」を作成する。スタッフ・キャスト等を話し合いで決定し、演技やインタビューの練習を行う。道具や説明用の資料を作成し、舞台装置や音響、照明、衣装等の準備を進める。

⑤アンケート調査の結果をもとに、保健所の保健師さんと相談の項目や内容を確認し、進行上での動画の扱い方や編集のしかたについて相互で確認する。

10月

⑥全員での通し稽古を行う。舞台装置（簡単なもの）の作製を行う。

⑦11月初め「文化祭」本番

⑧終了後反省会を開き、今回の取組の内容や一般生徒の反響等の評価を行う。

(3)台本の要約

「知ってほしい！ 分かってほしい！ ～思春期の心と体について～」

登場人物　Aさん（女子）、友人4人（男女）、教員役（保健指導担当）、説明係、ナレーター、動画撮影に協力していただいた保健師さん

〈場面設定〉

〔前半（導入）〕　保健劇としての演出

　①教室での会話　・昨日のTVニュースで放映された、思春期の青少年がねらわれやすい犯罪や、誤った行動から起こる事故・事件について、Aさんが友人に話をしている。

　　　　　　　　　・聞いていた友人が、報道された内容だけでなく自分自身の不安も含めて、もっとよく知りたいという自分の思いを語る。

　　　　　　　　　・友人の1人（保健委員）は、総合的な学習の時間に「沐浴体験」の指導をしてくれた地元保健所の保健師さんが、「健康面や生活面で不安なことがあれば、いつでも保健所に相談に来てね。」と言ってくれたことを思い出し、みんなに話す。

　　　　　　　　　・そして、みんなで「保健所」に行って、今、不安に思っていることを相談してみようということになった。

　②保健委員会での話し合い

　　　　　　　　　・今年の「保健劇」のテーマ決定と具体的な取組について、委員全員で話し合うが、なかなかまとまらない。そんなとき、Aさんが、先日の教室での会話を紹介し、テーマは「思春期」に関することではどうでしょうかと提案する。

　　　　　　　　　　また、保健師さんとの会話を紹介し、保健所の協力を得ることはできないだろうかと委員会担当教師に問いかける。教師は、「学校教育と地域との連携」は大切なことだと考え、その日の委員会では決定せず、保留とし、校長先生や他の保健指導担当教師と相談してから決定することとして、委員会は解散する。

　③校長先生と担当教師

　　　　　　　　　・委員会での生徒の提案を校長先生に説明する。

　　　　　　　　　・校長先生からは、地域の関係諸機関との連携は大切なことであり、これからはこれまで以上に連携を深めて学校と地域がともに子どもたちを育てていくことが大切であると指導する。

　　　　　　　　　　また、実際の連携の取組については、地域の実態や保護者のニーズ、生徒の学習や生活環境や実態を考慮し、今回は保健所（担当保健師）と十分な事前の情報交換の上、教職員全員と指導内容を確認・共通理解のもとに実施する旨の指示を受ける。

　　　　　　　　　※（ナレーション）実際の準備の様子（アンケート調査や活動全般）についてアナウンスして、後半（展開・まとめ）につなげる。

〔後半（展開・まとめ）〕ビデオ動画を映写

　　④保健所を訪問・担当保健師へ相談（質問）する。

　　　　　　　　　・生徒アンケートの集計結果から、回答（質問）の多い内容から３〜
　　　　　　　　　　４つ程度を質問し、保健師から説明を聞く。

　　　　　　　　　例　Q1　思春期の心や体の変化とは？

　　　　　　　　　　　Q2　思春期の人とのつき合い方（コミュニケーション）で注
　　　　　　　　　　　　　意すること？

　　　　　　　　　　　Q3　性感染症について

　　　　　　　　　　　Q4　性被害・加害・事件について

　　　　　　　　・まとめとして、アンケート項目については後日に「保健だより」
　　　　　　　　　「保健ニュース」等で紹介していくことを報告する。

⑷舞台装置他

　①生徒用机と椅子　長イス　衝立（ついたて）　その他の教室風景に必要な備品等

　②学校の教室背景画

　③地域保健所の映像・資料

　④投影機器等（プロジェクター・スクリーン・PC　等）

⑸取組に際しての配慮事項

　※取組の内容について、事前に校長先生からの指導・アドバイスを求め、地域保健所等
　　へのアクセスは必ず管理職から発信・依頼し、打ち合わせについても管理職が同席し
　　て進める。

　①演技をする側の委員会生徒が「思春期の心と体の変化」について理解していなければ
　　ならないため、「調べ学習」を行う。その際、生徒アンケートの設問項目やその集計
　　結果を参考にして、自分だけの学習でなく、他生徒に知らせたいこと、学校での問題
　　点などを必ず入れるようにする。また、保健師さんに聞いてみたいことをまとめさせ
　　て、保健師さんへの質問用紙を準備する。

　②台本に調べ学習の内容を取り入れながら、より身近に感じられる内容にするよう話し
　　合う。

　③文化祭（発表）当日は、調べ学習をしている委員会生徒と、見る側の生徒、保護者等
　　の間に「思春期の心と体の変化」の受け止め方に差があると考えられるため、誤解が
　　ないように伝えたいことを精選し、演じる内容は一場面（前半）だけとし、保健師さ
　　んへのインタビュー動画を発表することでまとめとする。

　④「何をしたらいいか分からない」ことのないよう、取組から発表までの日程表や活動
　　内容の具体的なメモを作り配付し、自ら進んで参加できるようにする。

　⑤委員全員に、道具作りなど地味な作業も大切であることについて理解させる。

⑥放課後練習の際、下校が遅くなるので、必ず前もって保護者に連絡をしておく。

⑦保健師さんへのインタビュー内容は、保健師さんから「思春期の君たちへ」のメッセージ内容が反映されるように組み立てる。

※事前打合せの際に、学年ごとの保健学習の内容や、「保健劇」の取組の趣旨を学校側と保健師の立場で、相互の理解を十分に図っておく。その際は、学校管理職が立ち会い、中学校（生徒）の発達段階を十分に考慮した内容であることを確認する。

⑧当日は、各学年の生徒や保護者に対して、補助資料としての資料や啓発パンフレット（保健師さんからのメッセージ内容の概要）等を配付するようにする。

※その内容については、事前の校内研修会等で教職員全体で共有することが大切である。

　また、保護者に対しても、「保健ニュース」や「保健だより」、学校ホームページ等で、事前に紹介（啓発）資料を掲載しておく必要がある。

⑹学習内容との関連

・第1学年保健体育の保健分野で「思春期の心や体の変化」について「心身の発達と心の健康」の単元で学習する。また、エイズや梅毒を含む性感染症の学習については3年生の保健で学ぶこととなっている。

・「性情報への対処」や「不安や悩みの解決・性的な発達への対応」等、性教育については系統的に学ぶ場が明確にはなっていない。したがって、社会科公民分野において基本的人権の尊重の視点から性感染症等の「患者や関係者への偏見・差別」についてふれることにするなど、教育課程に位置づけて各教科、特別活動や特別の教科道徳の時間において、組織的・計画的に、全教職員で取り組む必要がある。

〔参考〕保健師の仕事とは

　保健師は、人々が病気になるのを予防し、心身ともに健康な状態で生活ができるように手助けをする仕事です。

　「医師」や「看護師」がおもに病気やケガの治療を行うのに対し、保健師はそれらの予防や健康増進をすることを役目としています。対象とする相手は、乳児から高齢者までと幅広い世代となっています。これらの人たちに対し健康診断による病気の早期発見をすることと、そして、このままでは将来的に病気になるであろうと思われる「予備軍」を発見し、適切な食事や生活指導を行うことで、その人が病気になることを防ぐことが、保健師の重要な仕事の一つです。

資料① 「思春期の心や体の変化」生徒アンケート

こんにちは！

　私たち保健委員会は、本年度の活動テーマを「思春期の心と体の変化」といたしました。今後の活動内容の参考にしたいと思い、生徒の皆さんにアンケートを実施することといたしました。

　アンケート結果から、「保健ニュース」の記事や今年の文化祭での「保健劇」の内容を考えて準備していきたいと考えています。

　また、今回の取組は、健康に関する専門家である○○保健所の保健師さん（毎年実施される「沐浴体験」の講師としてお世話になっている方です。）にもご協力いただいて、生徒の皆さんの不安や疑問の解消に少しでもお役に立てればと考えています。

　ぜひ、ご協力をお願いいたします

○○中学校保健委員会　委員一同

－－－－－－－－－－－－－－ キ リ ト リ －－－－－－－－－－－－－－－

アンケート欄　※　無記名

　下記の表は、保健師さんに「思春期の皆さんに知ってほしい、分かってほしい」として、「どのような内容がありますか、また、どのようなお話をしてくださいますか？」と尋ね、答えていただいた内容（一部）です。

　表中の、知りたいと思う項目の右空欄※に、3つ○印を付けてください。また、下記項目以外で知りたいと思うことがあれば、「11 その他」の欄に、具体的に書いてください。

知りたい内容	※	知りたい内容	※
1　思春期とは、どのような時期		2　思春期の心の変化（不安や悩み等）とは	
3　思春期の体の変化とは		4　人（他人）とのつき合い方	
5　恋愛について		6　エイズ・梅毒等　性感染症について	
7　妊娠と子育てについて		8　人工妊娠中絶に関して	
9　性被害・加害・事件について		10　今後の人生計画について	
11　その他			

　　　ご協力ありがとうございました。　　　○○中学校　保健委員会一同

②地域保健との連携

未来の幸せな人生に向けて

保健師による卒業期特別講座

　「中学校における性教育」の実践については、体育科の時間だけでなく、関連の教科、道徳科、特別活動、総合的な学習の時間を含めた、学校教育活動全体を通じて行うことができる。しかし、近年の社会環境の大きな変化や性感染症・10代の人工妊娠中絶の状況や「出会い系サイト」へのアクセス等々、性に関する課題は山積みであり、学校の教師の指導のみでは十分に対応することが難しくなってきている。

　また、保健医療関係者からは、HIV感染者の増加や若年女子における性感染症の感染状況や実態、10代の人工妊娠中絶の現状から早期指導の重要性を訴え、学校現場における一層の指導が望まれている。

　一方、各校においては、地域における教育力の活用や専門性を活かした指導が積極的に行われるようになり、保護者や地域・関係機関の理解を得て「地域保健医療とのコラボレーション」をどのように行っていくかが課題となっている。

【取組の概略】

　本校は学区域に大きな繁華街を抱え、飲食店や遊技場、また風俗営業店などが多くあり、生徒がそれらを目にする機会や誘惑の機会も多々ある。また、地域柄外国籍の家庭も多く、監護能力に欠ける家庭もなくはない。文化の違いもあり生活指導上、学校で教えていかなければならないこともたいへん多い。

　中・高校生の性への意識・行動の調査から初交経験の低年齢化が危惧され、本校においても、ある時期、3年生のカップル志向が強く、教師はもとより性教育の必要性は保護者からも耳にすることが多くあった。

　そこで、保健学習の中で取り扱うだけではなく、実際のエイズの抗体検査にたずさわっている地域保健所の保健師の専門的な力を借りて、より身近な問題としてとらえ、考える機会とした。

　義務教育最後の卒業期に「卒業期特別講座」と称して「総合的な学習の時間」を活用して実施する。高校入試後の特別時間割の中で設定して行った。

【指導の実際】
❶大テーマ

　「卒業期特別講座　～未来の幸せな人生に向けて～」

❷学習内容　　《各担当の取組とその内容》

　(1)**エイズを含む性感染症　→　教科指導「保健体育科教諭・養護教諭」が実施**

　　　保健分野での授業内容

　　　・「エイズと性感染症予防」（指導事例⑳）に学習したものを再度、復習する。

　(2)**男女のかかわりと性衝動における男女の違い　→　学級担任**

　　　　※学級活動の時間「異性の理解と協力（かかわり）」（指導事例⑱）で扱った学級の
　　　　　アンケートを活用する。

　　　①異性への興味・関心は、徐々に特定の異性へと高まってくる　→　正常な発育・発
　　　　達であることを確認する。

　　　②若年者（中・高校生）の性的接触のリスクの大きさについて。

　　　③性の商品化（性情報の氾濫、出会い系サイトの流行）について。

　(3)**男女のかかわりとつき合い方のマナー　→　保健所の保健師による指導**

　　　①保健所の役割　現在、従事している予防課保健指導課から中学生へのメッセージ。

　　　②性感染症の現状と病気の予防（抗体検査に訪れる若者の事例を交えて）。

　　　③よきパートナーとしてのかかわり方。相手を大切にすることとは「相手への思いや
　　　　り」。

❸本時（保健師による授業）のねらい

　義務教育課程の修了に際し、人としての生と性に関心をもたせ、自他を大切にしていく
生き方を学ばせるとともに社会における性的な現実をみつめ、家庭や社会の一員として適
切な判断や意志決定、行動選択ができる能力を培い実践力を育てる。

　(1)「未来の幸せな人生に向けて」これからの生き方をどのように選択していくかは自己
　　の責任により決定されることを理解させる。

　(2)保健所予防課保健師を外部指導者として招聘することにより、性感染症の実態や病気
　　の理解、予防の方法等を専門家より具体的に学ぶ。

❹指導者

　外部講師（保健師）、補助として学年職員、保健体育科教諭、養護教諭

❺HIV・性感染症予防普及・啓発授業の指導の概略

　(1)主題　　性感染症の正しい理解と性の自己決定

　(2)目標　　①将来、性の自己決定をする機会がくることを認識する。

　　　　　　　②そのときに判断材料となるような知識（HIVを含む性感染症、望まない
　　　　　　　　妊娠、性意識や行動の性差等）を習得する。

　　　　　　　③責任ある行動、相手を思いやる気持ちを大切にすること、自分の健康を守
　　　　　　　　ることを理解する。

❻評価

　まとめのアンケートにより、学習の内容が理解できたかをみる。不十分な場合や疑問の
ある生徒に関しては養護教諭を中心に個別の指導を行う。

❼他の指導内容との関係

　○保健学習
　　・健康な生活と疾病の予防、エイズ及び性感染症の予防
　　　（健康を守る社会の取組）
　○道徳、学級活動
　　・道徳教育の目標
　　　自己をみつめ、物事を広い視野から多面的・多角的に考え、人間としての生き方に
　　　ついての考えを深める。
　　・視点、道徳的価値
　　　「友情、信頼」「相互理解、寛容」
　　　※「向上心、個性の伸長」「家族愛、家庭生活の充実」
　　　「生命の尊さ」
　○学級活動
　　（2）日常の生活や学習への適応と自己の成長及び健康安全
　　　ア　自他の個性の理解と尊重、よりよい人間関係の形成
　　　イ　男女相互の理解と協力
　　　ウ　思春期の不安や悩みの解決、性的な発達への対応

❽資料　パワーポイント（保健師に用意してもらう）

❾連携を進めるにあたって配慮したこと

　①**外部の指導者を招聘するにあたっての配慮事項**
　　事前連絡の上、管理職と学年の職員とともに保健所に伺い、お願いと実際に来校して
　　くれる保健師と会い指導内容の打ち合わせを行った。
　②**指導内容の決定と打ち合わせ**
　　あらかじめ昨年の授業を管理職とともに検証し、生徒の実態に合わせて変更点を確認
　　し、授業内容の詳細な打ち合わせを行った。
　③**保護者への配慮**
　　○保護者へ実施の通知文書
　　　当日の指導（授業・講演）内容の骨子を別紙にまとめ、配付する際、問い合わせの
　　　担当者を明記する。公開授業の形態も考慮する。
　　　※事前のご意見等がある場合は、必ず管理職に報告し、対応にあたる。

○保護者が参加するような場合は、生徒がのびのび受講できるように配慮する。

④当日までの準備及び当日の留意事項

・学年職員全員で性に対する授業について理解しクラスに入ってもらう。

取組の全容が分かる資料を全教職員に配付し、学校全体で理解を深める場（校内保健部会・職員会議等）を設定し、情報の共有を行い、当日も他学年の協力が得られるように進める。

・保健師が授業をしやすいように雰囲気をつくる。

・授業に必要な視聴覚機器等の準備、当日の操作補助をする。

⑤その他

○派遣依頼書の作成、当日の準備、最終確認、時間の確認など

【外部講師を招聘するときに配慮すべき留意点】

学校側の講師依頼の「ねらい」を明確に伝える。外部講師による講義は「学校における性教育」が理解されていないことがあり、独自の思いで専門性に走り過ぎたり、発達段階に配慮がなかったりする場合がある。学校教育が「学習指導要領」に準拠して行われることや、同学年であっても知識や関心に大きな個人差があり、一斉に指導する内容として適切であるかを判断し、学校側がイニシアティブをとり、決して「丸投げ」をしないことが大切である。

また、外部講師との事前打合せでは、学校側は必ず複数で立ち合い、配慮事項を資料化して提示し、双方の確認事項を記録として残すようにする。

❿保健師による指導の概略

	指導の流れ	学習内容
導入5分	自己紹介	・保健師として保健所に勤務 ・HIV の抗体検査にかかわっている
展開40分	《HIV、性感染症について》 ○ HIV ／エイズ、クラミジア罹患の現状を伝える。 ○感染経路を正しく理解させる。 ○日常生活では感染しないことを具体的に解説する。 《性的接触について》 ○感情に流されず、自己決定のために考えてほしいことをあげる。「責任ある行動」が必要なことを認識させる。（パワーポイント） ○性行動には個人差があることを理解させる。 《愛情表現と思いやりについて》 ○男子と女子の違い、個人差・多様性について考えさせる。 ○それぞれ好きな人ができたら自分がしたいことを紙に書き、男女別に板書して比較する。 ○「相手を尊重し思いやる気持ち」「自分の健康を守る」大切さを理科させる。 ○性衝動はコントロールする必要があることを説明する。 《性感染症の予防について ・・・ コンドームの使用が有効》 《保健所のプレカウンセリングから》 ○６ケースを紹介。	・HIV ／エイズ・性感染症（梅毒・クラミジア・淋菌など）の罹患率（パワーポイント） ・クラミジア ・・・ 不妊症、30 代の子宮頸がんの原因 ・事前学習の確認 　①性的な接触　②注射針の使いまわし 　③母子感染　④輸血等の血液感染 ・プール、蚊、食器の共有、軽いキス等では感染しない。 ・自分の行動の結果を予測し、責任がもてるかどうか考える。 ・経験する時期は人によって異なって当然ということを知る。 ・話す、手をつなぐ、肩を抱く ・・・ 他には様々なことが出てくることを予想し対応できるようにする。 ・自分の思いや他人の思いの違いについて知る。 ・相手に自分の気持ちを伝える関係、相手の意思を尊重しあえる関係。 ・性的な接触を求められたら、まず、自分の意志を確認し、リスクの大きさを伝え責任がもてるかを確認する。 ・将来的にはコンドームの使用が有効であり、安全で確実な使用の方法を知る。 （注）本授業では使用の方法を指導することではない。学習指導要領の解説にある「ふれるようにする」程度。 ・具体的な話を聞くことで、身近に感じられ、他人ごとではないことを学ぶ。
まとめ5分	《保健所の抗体検査の紹介》 まとめ・アンケート	・検査は匿名・無料（各保健所によりが限定されていて、事前に問い合わせをするとよい）。 ・パンフレットと啓発カードの紹介。 ・心配なときの相談先を知ることができる。

組織の指導事例

③赤ちゃんとのふれあい体験

地域のコミュニティプラザと中学校の連携により、中学生と赤ちゃんとのふれあい体験を実施している。

【目的】

乳幼児や保護者の方とのふれあいを通して、生命の大切さについて考えさせる。

子育ての大変さや楽しさ、家族のかかわりを学び、自分の親への感謝の気持ちや、自分の人生設計を考えるきっかけとする。

【実習場所】

コミュニティプラザ（プレールーム・スポーツルーム）

【対象】

中学3年生（クラス単位）

＊乳幼児の母親と乳幼児（乳幼児1名に対し生徒2〜3人）

【内容】

1. 乳幼児の母親から子どもの生まれたときの様子や育児体験などを聞く。
2. 実際に乳幼児の抱っこや、おむつ交換などの見学や体験。
3. 手遊び、おもちゃを使っての遊びなどを一緒に行う。

【事前の指導】

1. 乳幼児の成長と発達・生命・幼児の遊びについての指導。
2. 当日の体験に向けての準備学習（母親への質問を考えるなど）。
3. 赤ちゃんの抱き方や、おむつ交換などの練習（当日）。
4. 一緒に歌う歌の練習(当日)。

【当日の服装】

・ジャージー上下（中も半袖の上下を着ること）。

・髪の毛をしばる（髪の毛の先が赤ちゃんの目などにふれないように）。

・セーターは着用しない（赤ちゃんのアレルギー予防のため）。

・爪を切ってくる。

【当日の持ち物】

　・ビニール袋（靴入れ）

　・手を拭くタオル（またはハンカチ）

　・名札（当日配付）

【事後の指導】

　1.体験ワークシートの作成

　2.お礼の手紙の作成

【保護者の感想】

　1.小さな赤ちゃんに戸惑いながら頑張っておもちゃで気を引こうとする男の子がほほえましかった。

　2.優しい笑顔と声かけをしていただき、娘は安心した様子で遊んでいました。

　3.中学生と話してみるとあどけなさが残り、息子もこんなふうに素敵に成長してほしいと思いました。

　4.小さい子に慣れていないところが初々しくて、自分が初めて母親になって子どもと接したときを思い出しました。

【中学生の感想】

　1.昔は自分もこんなふうに育てて接してもらっていたんだなと知ることができてよかった。

　2.赤ちゃんの顔を覗き込んで笑ってみると、赤ちゃんが笑い返してくれたのがとてもうれしかった。

　3.普段ふれあうことがない赤ちゃんと遊ぶという貴重な経験ができて楽しかった。

　4.おもちゃにずっと夢中だったのに歌が終わった後に赤ちゃんが自分のほうに来てくれた。

ふれあい体験の準備をしよう

１．体験に向けての目標（観察してみたいこと・やってみたいこと・意気込みなど）

２．保護者へ質問したいこと（最低３つは考える／内容は、失礼のないようにする）

① _____

② _____

③ _____

３．自分の自己紹介を考えよう

（１）何組ですか？・・・・

（２）名前は？・・・・

（３）小さい頃よくやった遊びは？・・・・

（４）学校で好きな教科・苦手な教科は？・・・・

（５）その他・・・・聞かれそうな質問とその答えを考えてみよう

聞かれそうな質問	答え（自分ならこう答える）
①	
②	
③	
④	
⑤	

ふれあい体験まとめレポート

年　　組　名前

１．事前学習について

（１）おむつ替え練習（赤ちゃん人形で）で、どのようなことを感じましたか。

（２）歌の練習や先生の話を聞くことは前向きに取り組めましたか。

・かなり熱心に取り組めた　・まあまあ取り組んだ　・ややいい加減なところもあった

２．実際のふれあい体験について

（１）　ふれ合った子どもは？

何人でしたか	男の子か女の子か	年齢は

（２）あなたが、実際に保護者へした質問は何でしたか。また、それについて保護者の方から聞いた答えを書きましょう。（聞いたことすべてを書きましょう）

質問内容	答え

（３）　お母さんに聞かれたことや話した内容はどのようなことでしたか。

（４）実際の赤ちゃんのおむつ替えはしましたか？

　　　　　　　　した　　　　　　しない

（５）赤ちゃんと一緒にしたことは何でしたか。また、そのときの赤ちゃんの様子はどうでしたか。（できるだけ具体的に書こう）

【例】だっこしたら笑っていた。頭をなでてあげたらいやいやしていた。ボールを投げてあげた。

３．ふれあい体験を通して感じたこと・考えたことを書きましょう。

④生徒に向けての講話

性被害にあわないために

〜朝礼時等（短時間）の校長講話を想定して〜

1. 校長講話①「性被害事例より」

　おはようございます。

　さて、皆さん、土曜・日曜は学校生活から離れ、家庭学習は計画的に実施できていますか。また、部活動や地域の活動に参加したりで、人によっては忙しい時間を過ごした人もいたと思います。

　しかし、一般的には、休日は解放的になり、友人と出かけたり、日頃から挑戦してみたいと思っていたことを思い切って実行したりと、楽しいこともたくさんあれば、一方で危険もいっぱいです。休日を有意義に過ごしつつも、犯罪に巻き込まれないよう、細心の注意を払う必要があります。皆さんの中には、これまでの休日の生活を振り返ってみて、危険を感じたり、不安な思いをしたという人もいるかもしれませんね。

　とりわけ昨今、中高生におけるスマートフォンの保有率や、ツイッターをはじめとしたSNSの利用が高まってきていることにより、インターネットを通じた性被害が急増しています。最近の事例をいくつか紹介しておきます。

　この事例は、夏休みを前に国家公安委員会委員長と文部科学大臣から、子どもたち（君たち）に向けた共同メッセージ（平成29年6月）が発信されました、その内容を私なりに要約したものです。

〈共同メッセージより〉

・女子中学生は、SNSを通じて知り合った「19歳のイケメン大学生モデル」に裸の画像を送信させられた。この「イケメンモデル」は、46歳の男が他人の写真と偽名を使ってなりすましていたものであり、被害を受けた子どもは全国で約130人に上った。

・女子高校生は、SNSを利用するなどして知り合った被疑者らに家出中に接触し、売春に関する契約書を書かされた上、マンションの一室に外から鍵を掛けられた状態で居住させられた。その上で、理由のない「罰金」を科されつつ、出会い系サイト等で被疑者らが募った客を相手に売春をさせられ、その代金も搾取された。

・男子中学生は、SNS上で「女子中学生」と裸の写真を交換したが、この「女子中学生」は20歳の男がなりすましていたものであり、男に「警察や学校にばらす」などと脅迫されて呼び出され、猥褻な行為をされた。

・女子中学生は、女の子向けのスマートフォンゲームを通じて知り合った男とSNSにお

いてやり取りする中で、裸の画像を送るように要求され、要求に応じなければ以前に男に送信した顔写真を悪用されるのではないかと思い、自己の裸をスマートフォンで撮影し送信した。

　男女を問わず、これは他人事ではありません。皆さんが日頃から使っているSNSを通じて、児童買春や児童ポルノなどの犯罪被害にあった子どもは2016年に1736人、また、だまされたり脅されたりして、自分の裸をSNS等で送らされる、いわゆる「自画撮り被害」にあった子どもは、2015年に480人と、いずれも過去最多です。現在も同様の被害は多くあるということです。こうした犯罪の被害の多くがスマートフォンによるもので、被害者の約9割が中高生です。

　一度ネット上に拡散した情報は、完全に削除することは困難です。未来ある皆さん自身のために、見知らぬ人に安易に会わない、どのような相手であっても「自分の裸や露出し過ぎた写真を送らない」など、「ネット上での出会いには細心の注意を払う」ことを徹底してください。

　そして、万が一、このようなトラブルや犯罪被害にあってしまったら、被害を拡大させないために、恥ずかしがらずに、すぐに保護者や先生、警察に相談してください。

2.　校長講話②「性犯罪について」

　先日、ネットを通じた性被害の事例をいくつか紹介し、被害にあった場合や不安がある場合は、被害を拡大させないために、恥ずかしがらずに、すぐに保護者や先生、警察に相談してください、というお話をいたしました。

　被害にあわないためには、正しい判断と行動を選ぶことが第一です。今回は、地域や身近な生活環境の中で起きる性被害を考え、被害にあわないようにするために気を付けてほしいことについてお話しします。これらを守ることによって被害を防ぐことができると思います。

　まず、

①見知らぬ人に声をかけられ、誘われても、絶対についていってはいけません。

　道を聞かれたら、その場で教え、相手との距離を少なくとも2メートル以上とって話をするようにします。

　相手の車には絶対に乗ってはいけません。

②暗くなったら、一人での行動はしないことです。特に人通りの少ないところを通る人は気を付けてください。学校の帰りはできるだけ、友達と一緒に帰るようにしましょう。

　また、エレベーターに乗るときには十分に注意をし、見かけない人と2人だけにならないようにすることです。

③帰宅する時間を守ること。そして、通学路となっているところを通り、いつも通る道

を決めておくとよいと思います。

④危険が迫ったときは、大声で近所の人を呼ぶか、近所の家に駆け込むこと。防犯ベルの携帯も場合によっては有効です。

⑤もし、体をつかまれたら、大声で泣くまねや、おなかが痛いとしゃがみ込んでみせ、機会をみて助けを求めてください。

いざとなると、声が出ない場合もありますが……。

⑥いやらしいことを言ったりする人に出会ったら、知らん顔をしてサッサと通りぬけること。さらには、盛り場を目的もなく徘徊することや、流行を追うような派手な服装や持ち物、そして軽率な言葉遣いや態度は、相手を挑発し、狙われる隙を与えるようなもので被害者になりやすいので、十分に注意をしてください。

また、わざわざ外出しなくても、SNSを使って容易に交友を広めることができるようになりました。しかし、その反面SNSを通じて裸の自撮り写真などを交換したり、いわゆるパパ活や援助交際の相手を求める書き込みをしたりして、トラブルに巻き込まれる少年少女が少なくありません。

ところで、皆さん、「サイバー補導」ということを聞いたことはありますか？ 警視庁では2013年より、インターネットの書き込みをパトロールして、危ない書き込みをしている子どもに直接会って注意を与えるサイバー補導を実施しています。

なぜなら、中学生・高校生にスマートフォンが普及するにつれて、安易なアルバイト感覚で援助交際や下着売買を求める書き込みをして、被害にあう子どもが増えているからです。

ここで、警視庁が2018（平成30）年7月に、中学3年、高校1・2年生対象に行ったインターネットに関する調査で、「学校から帰った後、どれくらいインターネットを使っているか」を尋ねたところ、中高生では「1時間から2時間未満」が最も多く、2時間未満の子が半分以上ですが、サイバー補導された子どもは「5時間以上」が最も多く、とても長い時間をインターネットに費やしていることが分かります。ネットにかかわる時間が増えれば危険度も上がるということでしょうか。

3. 校長講話③「思春期真っ只中の君たちに」

以前（前回）、ネットを通じた性被害についてお話をしました。被害者になるばかりではなく、本人が興味や好奇心から行った行為が、犯罪行為として認識され、加害者になってしまったりすることもあります。

そうした状態を未然に防ぐためには、まず、自分自身の心と体の成長の特徴をしっかり認識することや、生活全体のルールやマナーを守ること。そして、身のまわりで起きている社会の情報を正しく把握し理解するための努力が大切です。

小学校では4年生からの保健学習、中学校では1年生の保健の授業等で、それぞれの発育・発達の段階に合わせて学んできているはずです。しかし、学習した内容を知識として

覚えていても、自分自身のこととして、これからの生活にあてはめ、深く考えたことはあまりないと思います。

　今日は、心や体の発育・発達についてお話しします。

　個人差はありますが、10歳ごろから性ホルモンの分泌が盛んになり、いわゆる「思春期」を迎えます。ちょうど今のあなた方は「思春期」真っ只中になります。その性ホルモンの働きによって性意識が高まり、自分自身の性について意識したり、異性に興味をもったり、あこがれたり、そして、特定の異性に好意をもつようになります。人によっては、同性へ興味をもつ人もいますが、それは決しておかしいことではありません。

　また、身体的にも大人の体へと変化しながら成長し、男子は父親となることができる体に、女子は母親となることができる体に、いわゆる生殖の機能が成熟していく大事な時期でもあります。しかし、体が大人として成熟しても、精神的にも経済的にも十分ではなく、完成された大人になるには、さらに学びと努力、そして、経済的な基盤となる環境や条件が必要となります。それぞれが自分の家族に支えられている現在、自分自身の子どもができて、母親として、父親として家庭を営んでいけますか。当然、性の成熟と同時に性的な欲求やストレスも強くなり、性衝動を感じるようになります。この傾向は女性より男性に強くあらわれます。異性の容姿や態度に敏感になり、体に触れたいという欲求が起こったりしますが、多くの人は、大脳皮質の働きによりそのような欲求をコントロールすることができます。

　コントロールする能力は、具体的には認知、記憶、言語、判断などの知的機能、感情や意思など情意機能、社会性などの精神（心）の機能で、それらは人や社会との様々なかかわりなどの生活経験や学習などの影響を受けながら脳の発達とともに発達します。また、社会性については、家族関係や友人関係などへの依存の状態が生活経験や学習などの影響を受けながら変化し、自立しようとする傾向が強くなる時期でもあります。ですから、周囲の大人、親や先生が自分に向けた一言が気にさわり、反発したい気持ちがわいてくることもあります。このことを、教育心理学の面から心理的離乳ということもあります。

　さて、学校で学習することも経験の一つです。地域や家庭で経験することも学習です。ですから学校での学習や、地域や家庭での体験で興味をもったことは、自ら課題を設定して、積極的に取り組んでほしいと思います。

　その経験が欲求や性衝動をコントロールすることで、異性の尊重、性情報への対処など性に関する適切な態度や行動の選択ができる人間になってほしいと思います。なかにはコントロールできない人がいます。そういう人が犯罪へと進んでいく危険があるのです。

　このような心や体の変化は、発育・発達の段階で自然なことであり、むしろ健康な心身の発達をしているということなのです。改めてもう一度言います。こうした心身の発育の特徴は、発生の時期、欲求の種類、性衝動そのものにも個人差があり、人それぞれであるということを理解しておいてください。

4. 校長講話④「異性とのかかわり方を学ぶ」

さて、これまでにも中学生期の心身の発育についてお話ししてきました。みなさんは、子どもの体から大人の体へ成長する大事な時期を生きているのです。成長に個人差はありますが、誰もが大人の体へと成熟していきます。

しかし、体が大人として成熟しても、精神的にも経済的にもまだまだ未成熟です。そこで、今の時期に成熟した大人になるために『学んでほしいこと』があります。

それは、クラスや学年、また、委員会や部活動を通して、毎日、いろいろな人とかかわる場面がたくさんありますね。同性の場合もあるし、異性の場合もあるし、上級生や下級生の場合もあります。

そんな中で多くの人と接して、自分のことを話したり、友達の考えを聞いたりして、携帯やスマホ・パソコンの画面でなく、生身の人とかかわる経験をたくさんしてほしいのです。

皆さんの中には異性と話をするのは苦手と思っている人もいると思います。異性とか同性だからということにとらわれず、いろいろな人とかかわって、相互に理解するとともに、他の人はどんな感じ方や考えをもっているのかを知ることが大切です。自分と異なった考えや行動をすることを理解し、ともに協力し尊重し合い、節度ある生活を送ることが重要なことなのですね。

ですから、先生方には教科の授業や学級活動、その他のすべての学校生活の中で、皆さんが主体的に話し合いができる場を設定し、君たちが心身ともに大人へ成熟することを支援していくようお願いしています。いずれ、特定の異性へ好意をもつようになったときに、相手の気持ちを理解したり、お互いに思いやりをもって、良いかかわり方、つき合いができるようになると思います。

また、個人が抱える思春期の不安や悩みについても、心や体に関する正しい理解をもとに適切な行動をとることが、悩みや不安に向き合い、乗り越えていくための力にもなると思います。

⑤保護者会での話

子どもたちを性的被害から守るために

※「東京都教育委員会＊性教育の手引＊」（平成31年3月）を参照

[挨拶] 講話を始めるにあたって

　保護者の皆様、こんにちは。本日は、平日にもかかわらずお忙しい中、本校保護者会にご出席いただきまして、ありがとうございます。

　本日は、事前配付の「保護者会のお知らせ」にも掲載いたしましたが、今回の学校側からのお話として、テーマを「本校の性教育について」とし、サブテーマを「子どもたちを性的な被害から守るために」とさせていただきました。

　事前に、本日の保護者会の講話の概要について別のプリントにてお知らせいたしましたところ、このように多くの保護者の皆様にご出席いただきました。たいへんうれしく思います。また、その内容が保護者の皆様にとっても、関心の高いものであることを実感いたしました。

[私見] 学校教育が担う「性教育」についての考え方・立場

（地域性・保護者のニーズを踏まえて、講話者の立場で述べる）

　わたくしは、性教育については、生徒の人格完成を目指す「人間教育」の一環として、「生命の尊重」「人格の尊重」「人権の尊重」などの根底を貫く人間尊重の精神に基づいて行われる教育活動で、学校においてたいへん重要であると考えています。

　ただし、保護者会の中での限られた時間ですので、質疑応答の時間は設定していませんが、ご質問やご意見がございましたら、保護者会終了後に遠慮なく声をおかけください。学校全体で情報を共有し、検討した上で、全体の保護者の皆様にお知らせするべきことは、「学校ホームページ」や「学校だより」等に具体的な対応を掲載するなどして、お答えしていきたいと思います。また、個人に直接お答えしたほうがよい内容については、個別にご連絡をしたいと考えております。

　また、これからお話しする内容については、生徒が実際に本校で学ぶ性教育の一部でもありますから、ご家庭でお子様との話題にしていただけたら幸いです。

[前文]

　さて、本題に入ります。

　未成年者の性感染症や人工妊娠中絶の未然防止、性自認・性的思考等への正しい理解など、様々な課題に対して学校での適切な対応が必要になっています。また、生徒一人一人が性犯罪に巻き込まれないように、性に関する基本的な知識を身に付けることができるようにするとともに、必要な情報を自ら収集し、適切な意思決定や行動選択を行うことがで

きる力を育むことが求められています。

[主論1] 性情報と社会環境

（※資料1・指導事例⑨「性情報と社会環境」の授業で活用する資料②③を準備）

　まずは、子どもたちを取り巻く社会的環境の現状についての内容からお話しいたします。受付で配付させていただきました資料1をご覧ください。

　この資料1は、2年生の学級活動の際に、実際に教材として利用した資料です。保護者の皆様も、気にかけていらっしゃる方も多いと思いますが、近年、特に情報化社会の変化や進展に伴う課題が、様々な分野・場面で紹介されています。

　（※保護者が資料の内容を確認するための間を考える）

　子どもたちにとってもインターネットやスマートフォン等の普及により、様々な情報をいつでも容易に入手できるようになりました。教育現場でも有効に活用し、授業を展開していく上でも必須のアイテムであり、教員としての指導技術、情報整理等でもなくてはならないものとなっています。

　しかし、それらを利用する際に、その情報が必ずしも正しいものばかりとは限りません。インターネットは「便利で開かれたメディア」であり、大変優れた道具である一方、使う側を危険にさらしてしまう側面ももっています。特に子どもたちにとっては、性に関する情報の氾濫（はんらん）が気にかかるところです。現実の問題として、子どもたちがインターネット上の情報を介した犯罪被害に巻き込まれる危険性があり、また、メディアの行き過ぎた暴力・残虐表現を含む情報や性描写など、子どもへの悪影響が懸念されています。

　保護者の皆様も日々のニュース等で、SNS等を介した犯罪の報道を目にしたり、耳にしたりすることも多いと思います。最近では、誘拐や殺人事件などの重大な犯罪に巻き込まれてしまったケースも報告（報道）されています。

　2017（平成29）年6月には、夏休みを前に国家公安委員会委員長と文部科学大臣が、子どもたち（君たち）に向けた共同メッセージを発信されました。その内容が資料の2です。お子様が家に持ち帰り、家族で話題にされたご家庭もあったのではないでしょうか。
（※メッセージ文書を準備。時間があれば、内容の一部を読み上げ、紹介する。過去に配付されている資料だが、数年前であり、改めて資料として配付してもよい）

　現在、各自治体（都道府県）は、SNS等を介して、子どもたちが犯罪にかかわらないように、あるいは、巻き込まれないようにするために「SNSに関するルール」を策定し、積極的にアピールしています。

　各学校単位でも未然に犯罪から守ろうと主体的にルールを策定し、本校でも生徒会が主体的に取り組み、「○○中学校SNSルール」を作成し、生徒全員に訴え、積極的に取り組んでいます。

　ご家庭でも、きっと、状況に合わせてルールを決め、活用されていることと思います。

[主論2] 学校としての「性教育の展開」

（※性教育の全体計画、年間指導計画、他資料として配付できるものを用意）

それでは、本校の「性教育」について具体的にお話しいたします。

皆さんは、教員が学校で指導する各教科等、生徒が学校で学習する内容は、何によって基準が示されているかご存じですか？　ご存じの方が多いと思いますが、そうですね、学習指導要領です。

各学校教育は、学習指導要領によって規定された内容に従って教育課程を編成し、教育委員会に届け出て、承認を得て教育活動を実施しています。

教育課程とは、学校の目標や目的を達成するための学校教育活動全体のことであり、その設計図とでも言ったらよいでしょう。

学校における「性教育」は、生徒自身も一人一人の発達段階に違いがあり、同じ内容をを学習しても一人一人受け止め方に違いが生じることもあります。保護者の皆様も「性教育」について、様々なお考えをもたれていることと思います。

学校における性教育を実施するにあたっては、当然のことながら丁寧な対応が必要です。指導内容については、生徒の発達段階を踏まえること、学校全体で共通理解を図ること、その内容において保護者の理解を得ることが配慮されなければなりません。

今回の保護者会での説明と事前のお知らせ・資料配付は、学校が保護者の皆様にご理解を求める一環でもあります。

[まとめ] [社会に開かれた教育課程]

また、身に付けさせる資質・能力については、地域の環境や実態、保護者の願いなどを配慮し、学校経営方針や教育課程内に重点項目として明確に位置づけ、校内すべての教職員が共通理解・認識を図れるようにしなければなりません。そして、性教育の内容は、保健体育はもとより家庭科、社会科、理科といった各教科や、特別活動、道徳科、総合的な学習の時間における探求の時間等も含め、関連した内容が多くあります。

ですから、指導計画は学校教育活動全体を通じて行うことができるように横断的に考え、組織的・計画的に展開していけるように作成いたしました。

（※4月当初に配付した学校経営方針や学校ホームページに掲載されている箇所を紹介）

学校行事の欄をご覧ください。「産婦人科医（外部講師）による講演会」を予定しています。この際も、外部講師のドクターとは講演内容について事前の打ち合わせを行い、対象となる生徒集団の発達段階を考慮し、学校の意向を十分に理解していただいた上で当日を迎えることとしています。保護者の皆様には、その講演内容の概要をまとめたものを作成し、学校HPや事前に配付する「学校だより」等の手段でお知らせすることとしています。

指導場面としては、学習内容によって、教室での授業の形態や今紹介させていただいた「性教育講演会」のように主に集団の場面で必要なガイダンスと、一人一人が抱える課題

に、発達段階や個人の状況に合わせて個別に対応した指導を行うカウンセリングの双方の観点から指導内容・場面を設定して、組織的に進めてまいります。

　本校では、生徒が性に関する情報等を正しく選択して、適切に行動できるようにすることを指導の重点として、生徒の発達の段階に応じて性に関する正しい知識を身に付けることができるように組織的に性教育を展開していきます。

　保護者の皆様におかれましても、学校の性教育についての進め方についてご理解をいただき、ご家庭での話題の一つとして思春期真っ只中のお子様に対して、ご自身の経験なども踏まえて会話の機会をつくっていただき、本人の悩みや不安の解消、氾濫する性情報等に惑わされたり、犯罪等に巻き込まれたりしないようにアドバイスをしていただければと思います。どうぞよろしくお願いいたします。

　本日は、お忙しい中、保護者会においでいただき、ありがとうございました。

第**4**章

参考資料

1. 主な性行動（デート、キス、性交）経験率

主要な性行動経験率の推移

(%)

経験の種類	調査年度	1974 年	1981 年	1987 年	1993 年	1999 年	2005 年	2011 年	2017 年
デート	大学男子	73.4	77.2	77.7	81.1	81.9	80.2	77.1	71.8
	大学女子	74.4	78.4	78.8	81.4	81.9	82.4	77.0	69.3
	高校男子	53.6	47.1	39.7	43.5	50.4	58.8	53.1	54.2
	高校女子	57.5	51.5	49.7	50.3	55.4	62.2	57.7	59.1
	中学男子	―	―	11.1	14.4	23.1	23.5	24.7	27.0
	中学女子	―	―	15.0	16.3	22.3	25.6	21.8	29.2
	調査年度	1974 年	1981 年	1987 年	1993 年	1999 年	2005 年	2011 年	2017 年
キス	大学男子	45.2	53.2	59.4	68.4	72.1	73.7	65.6	59.1
	大学女子	38.9	48.6	49.7	63.1	63.2	73.5	62.2	54.3
	高校男子	26.0	24.5	23.1	28.3	41.4	48.4	36.0	31.9
	高校女子	21.8	26.3	25.5	32.3	42.9	52.2	40.0	40.7
	中学男子	―	―	5.6	6.4	13.2	15.7	13.9	9.5
	中学女子	―	―	6.6	7.6	12.2	19.2	12.4	12.6
	調査年度	1974 年	1981 年	1987 年	1993 年	1999 年	2005 年	2011 年	2017 年
性交	大学男子	23.1	32.6	46.5	57.3	62.5	63.0	53.7	47.0
	大学女子	11.0	18.5	26.1	43.4	50.5	62.2	46.0	36.7
	高校男子	10.2	7.9	11.5	14.4	26.5	26.6	14.6	13.6
	高校女子	5.5	8.8	8.7	15.7	23.7	30.3	22.5	19.3
	中学男子	―	―	2.2	1.9	3.9	3.6	3.7	3.7
	中学女子	―	―	1.8	3.0	3.0	4.2	4.7	4.5

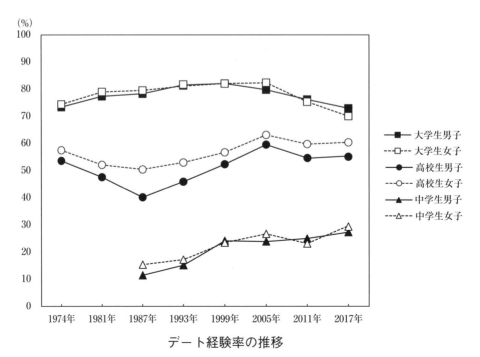

凡例：大学生男子、大学生女子、高校生男子、高校生女子、中学生男子、中学生女子

デート経験率の推移

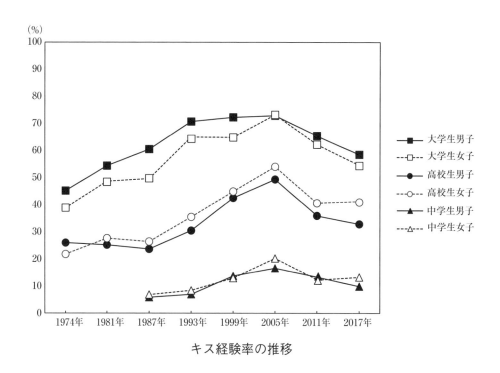

キス経験率の推移

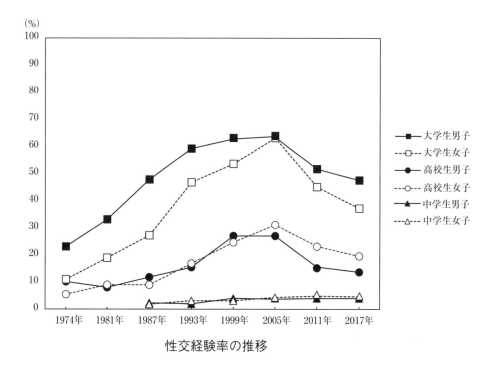

性交経験率の推移

出典：「第８回青少年の性行動全国調査（2017年）」（『「若者の性」白書』小学館）

2. 性的なことへの関心

性的なことへの関心 (%)

	中学生		高校生		大学生	
	男子	女子	男子	女子	男子	女子
ある	46.2	28.9	76.9	42.9	93.2	68.6
ない	50.6	68.4	20.7	52.9	5.6	27.8

関心をもったときの年齢 (%)

	中学生		高校生		大学生	
	男子	女子	男子	女子	男子	女子
8歳	0.8	2.6	1.0	0.9	0.9	0.6
9歳	3.5	4.7	1.7	0.9	1.4	2.1
10歳	12.3	15.8	7.2	6.6	10.6	6.8
11歳	17.7	16.4	7.0	4.3	6.0	3.2
12歳	29.3	25.6	19.9	14.2	17.9	11.8
13歳	21.1	16.4	22.0	16.1	18.5	9.5
14歳	4.8	6.8	17.6	16.7	14.8	13.4
15歳	0.5	0.6	8.0	13.7	11.5	12.9

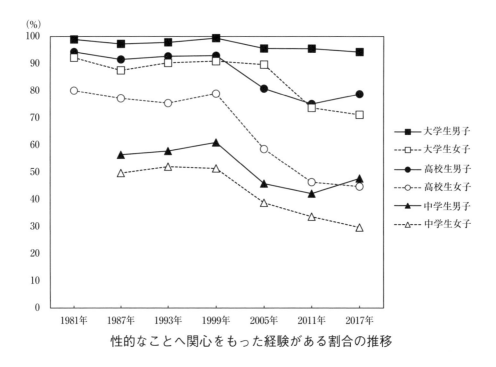

性的なことへ関心をもった経験がある割合の推移

出典：「第8回青少年の性行動全国調査（2017年）」（『「若者の性」白書』小学館）

3. 自慰（マスターベーション、オナニー）の経験

自慰（マスタベーション、オナニー）の経験 　(%)

	中学生		高校生		大学生	
	男子	女子	男子	女子	男子	女子
ある	25.4	7.6	78.4	19.2	92.2	36.8
ない	47.1	45.6	12.4	61.2	2.8	50.1
言葉の意味がわからない	23.1	43.8	4.7	14.8	1.6	6.4

初めて自慰（マスタベーション、オナニー）を経験した年齢 　(%)

	中学生		高校生		大学生	
	男子	女子	男子	女子	男子	女子
3歳	0.3	0.0	0.1	0.0	0.1	0.2
4歳	0.0	0.0	0.1	0.2	0.1	0.5
5歳	0.2	0.0	0.1	0.7	0.3	0.9
6歳	0.2	0.0	0.4	0.5	0.3	1.1
7歳	0.5	1.2	0.5	0.5	0.4	1.0
8歳	1.0	0.6	0.6	1.2	0.5	1.6
9歳	1.5	4.3	1.0	0.7	1.1	1.4
10歳	5.8	10.4	4.0	5.3	5.4	5.0
11歳	12.0	13.4	4.3	3.9	5.3	2.9
12歳	28.9	23.2	14.0	7.0	16.6	8.6
13歳	25.1	19.5	22.4	12.8	21.5	8.2
14歳	13.7	11.0	24.4	17.2	18.0	8.2
15歳	1.4	2.4	12.4	17.4	12.5	12.5
16歳	—	—	2.4	8.0	5.6	7.8
17歳	—	—	0.1	3.4	1.7	6.2
18歳	—	—	0.1	0.0	1.3	7.6
19歳	—	—	0.0	0.0	0.2	3.5
20歳	—	—	—	—	0.1	3.3
21歳	—	—	—	—	0.1	1.0
22歳	—	—	—	—	0.0	0.1

射精の経験 　(%)

	中学生		高校生		大学生	
	男子	女子	男子	女子	男子	女子
ある	37.2	—	84.1	—	94.1	—
ない	57.6	—	10.9	—	2.2	—

出典：「第8回青少年の性行動全国調査（2017年）」（『「若者の性」白書』小学館）

4. 性交（セックス）・避妊方法についての情報源

性交（セックス）についての情報源（複数回答） (%)

	中学生		高校生		大学生	
	男子	女子	男子	女子	男子	女子
親やきょうだい	4.4	7.3	4.6	7.1	2.9	4.4
友人や先輩	53.4	41.4	63.5	57.3	61.0	49.9
つき合っている人	2.2	4.4	5.0	15.0	12.3	25.1
学校（先生、授業や教科書）	21.4	22.9	33.7	41.4	23.3	25.1
マンガ／コミックス	14.9	23.1	18.0	24.5	22.6	32.8
一般雑誌	3.4	3.2	3.0	3.6	8.2	10.7
ポルノ雑誌（H雑誌）	3.4	0.9	6.4	0.8	11.2	1.4
アダルト動画（DVDやネットなど）	12.3	5.1	34.3	7.0	51.1	14.1
インターネットやアプリ、SNSなど	19.8	22.7	39.6	28.4	49.8	43.8
その他	1.4	2.7	0.8	0.7	0.7	0.9
特にない	25.2	28.3	7.7	10.3	5.6	8.4

避妊方法についての情報源（複数回答） (%)

	中学生		高校生		大学生	
	男子	女子	男子	女子	男子	女子
親やきょうだい	2.5	5.4	4.6	9.6	4.3	5.7
友人や先輩	21.7	17.9	34.0	33.6	37.8	30.5
つき合っている人	1.0	1.6	3.2	9.2	7.4	16.1
学校（先生、授業や教科書）	15.4	14.7	63.5	69.8	52.0	56.1
マンガ／コミックス	5.5	8.8	6.3	9.4	8.3	12.0
一般雑誌	2.0	1.6	2.0	2.0	6.2	6.0
ポルノ雑誌（H雑誌）	2.1	0.3	2.8	0.3	4.7	0.3
アダルト動画（DVDやネットなど）	4.4	1.2	8.5	1.0	13.6	1.6
インターネットやアプリ、SNSなど	11.3	14.6	25.3	18.0	40.3	33.8
その他	2.0	2.7	0.7	0.7	0.4	0.6
特にない	50.8	49.8	12.8	9.6	9.6	8.7

出典：「第8回青少年の性行動全国調査（2017年）」（『「若者の性」白書』小学館）

5. 性的なことへ関心をもった経験がある割合の推移

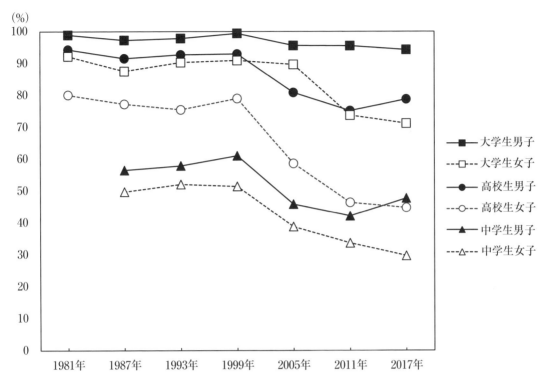

出典：「第8回青少年の性行動全国調査（2017年）」（『「若者の性」白書』小学館）

6. 性に対する「楽しい──楽しくない」イメージ（中学生）

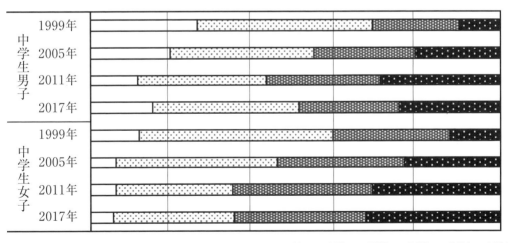

出典：「第8回青少年の性行動全国調査（2017年）」（『「若者の性」白書』小学館）

7. 性感染症報告数の動向（年次推移）

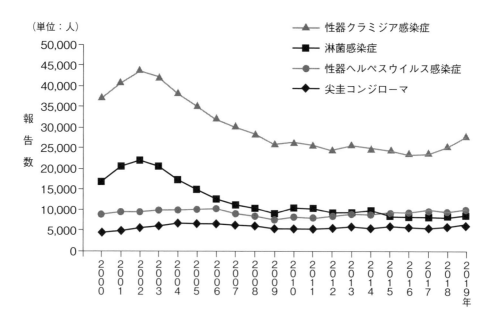

（単位：人）

凡例：
- 性器クラミジア感染症
- 淋菌感染症
- 性器ヘルペスウイルス感染症
- 尖圭コンジローマ

報告数

出典：厚生労働省健康局 2019 年

8. 梅毒患者報告数の年次推移（男女別）

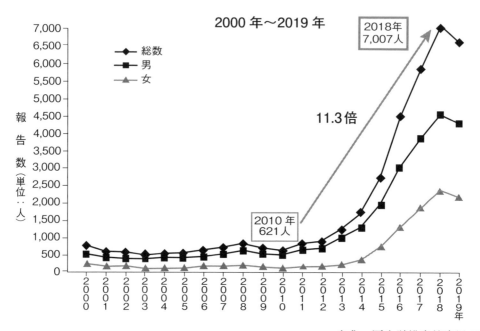

2000 年〜2019 年

凡例：
- 総数
- 男
- 女

報告数（単位：人）

2018年
7,007人

11.3倍

2010 年
621人

出典：厚生労働省健康局 2019 年

9.HIV ／エイズ感染者の動向

　日本では 1985 年に初めてエイズ患者が報告され、2014 年までに HIV 感染者 16,903 件、エイズ患者 7,658 件、合わせて 24,561 件の報告がありました。2014 年の新規報告者数は、HIV 感染者が 1,091 件、エイズ患者が 455 件、合わせて 1,546 件で、2007 年以降、年間 1,500 件前後の新規報告が続いています。性別・国籍別では、日本国籍男性が 88％を占めており、感染経路別では、同性間性的接触が 68％、異性間性的接触が 19％となっています。

2018 年世界のエイズの状況

・・

3,790 万人が HIV とともに生きている。

2,330 万人が抗 HIV 治療を受けている。

170 万人が新たに HIV に感染した。

77 万人がエイズに関連する疾病により死亡した。

7,490 万人が感染の流行が始まって以来 HIV に感染した。

3,200 万人が感染の流行が始まって以来エイズに関連する疾病により死亡した。

・・

■ 新規 HIV 感染は 2010 年以降 16％減少し、2010 年の 210 万人から、2018 年は 170 万人へと減少している。

■ エイズに関連する死亡は、最も多かった 2004 年以降 55％以上減少した。

■ エイズ関連死亡率は、2010 年から 33％減少した。

＊エイズ発生動向調査は 1984 年より始まり、厚生労働省エイズ動向委員会が四半期ごとにデータを解析して発表しています。

出典：公益財団法人エイズ予防財団

10. 年齢階級別にみた人工妊娠中絶実施率及び年次推移

年齢階級別にみた人工妊娠中絶実施率（女子人口千対） 2017 年度

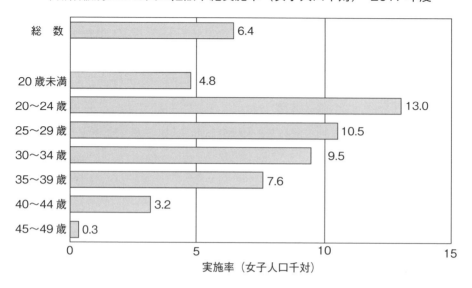

実施率（女子人口千対）

年齢階級別にみた人工妊娠中絶実施率（女子人口千対）の年次推移

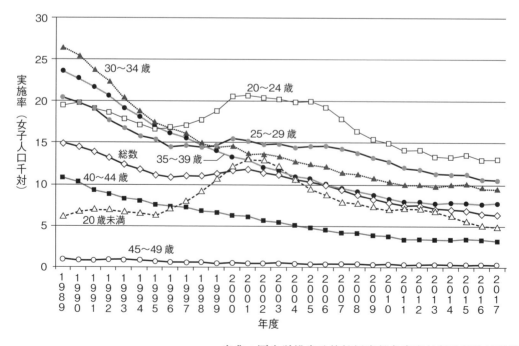

出典：厚生労働省政策統括官付参事官付行政報告統計室

11. 用語解説（50 音順）

ア行 ─────────────────────────────

アウティング

　公表していない性的指向や性自認等に関して、本人の同意を得ずに、他の人に秘密を暴露すること。

A セクシャル（アセクシャル）

　情愛や性愛的な関係を他者に対して抱かない人。無性愛ともいう。

アライ

　英語の Ally（理解者、支持者）の意味で使う。LGBT をはじめとする性的少数者（セクシュアル・マイノリティ）について理解、共感し、支援活動や啓発活動をともにする人。

HIV ／エイズ

　HIV とは、Human Immunodeficiency Virus（ヒト免疫不全ウイルス）のことで、免疫細胞である T リンパ球やマクロファージ（CD4 陽性細胞）などに感染するウイルス。感染すると細胞の中で HIV が増殖し、免疫細胞が体の中から減って、普段は感染しない病原体にも感染しやすくなり、さまざまな病気を発症する。この病気の状態をエイズ（AIDS：Acquired Immuno-Deficiency Syndrome、後天性免疫不全症候群）と言う。

HIV の治療法

　抗 HIV 薬によってウイルスの増殖を抑え、エイズの発症を防ぐことで、長期間にわたり健常時と変わらない日常生活を送ることができる。現在では 1 日 1 回 1 錠（1 錠の中に 3 つもしくは 4 つの薬の成分が入っている）の服薬で HIV の血中ウイルス量が検出限界未満に抑えられ、他の人へ HIV を感染させる可能性が低くなっている。

SDGs（持続可能な開発目標）

　持続可能な開発目標（SDGs）とは、2001 年に策定されたミレニアム開発目標（MDGs）の後継として、2015 年 9 月の国連サミットで採択された「持続可能な開発のための 2030 アジェンダ」にて記載された 2016 年から 2030 年までの国際目標です。持続可能な世界を実現するための 17 のゴール・169 のターゲットから構成され、地球上の誰一人として取り残さない（leave no one behind）ことを誓っています（ゴールの中の 1 つに「ジェンダー平等を実現しよう」がある）。SDGs は発展途上国のみならず、先進国自身が取り組むユニバーサル（普遍的）なものであり、日本としても積極的に取り組んでいます。　　　　　　　　　　　　　　　　　　　　　　　（外務省 H P より）

X ジェンダー

　出生時に割り当てられた性別にかかわらず、自分は男性・女性のどちらでもないとの性自認をもつ人。中性、両性、無性等のほか、性自認が定まらず流動的な人等、性の多様性の一つである。

LGBT（エルジービーティー）

　レズビアン（女性同性愛者）、ゲイ（男性同性愛者）、バイセクシュアル（両性愛者）、トランスジェンダー（性別越境者）の頭文字をつないだ言葉。性的少数者（セクシュアル・マイノリティ）の「総称」としても使われる。同じ用法として、「LGBTs」「LGBTQ＋」などがある。

カ行

カミングアウト

　自分がこれまで公表していなかった自己の性のありようなどの秘匿していたことを他者に表明すること。

クィア

　元々は「奇妙な、独特の、風変わりな」という意味。近年では肯定的に性的少数者を示す総称として用いられるようになってきた。

クラミジア

　「クラミジア・トラコマティス」という病原菌が、性器やのど、直腸などに感染して炎症を起こす性感染症の一種で、正式な病名は「性器クラミジア感染症」。

サ行

ジェンダー

　ジェンダー（Gender）とは、生物学的な性別（Sex）に対して、社会的・文化的に形成された社会的性別のこと。「男らしさ」「女らしさ」という歴史的、文化的に形成され、現代社会において存在している価値観を言う。

ジェンダーフリー

　従来の固定的な性別による役割分担にとらわれず、男女が平等に、自らの能力を生かして自由に行動・生活できること、と定義される。一般的な性別通念にとらわれず、自分の生き方を自己決定できるようにしようという固定的な性役割の通念からの自由を目指す思想、社会運動を指すこともある。

子宮頸がん

　子宮頸がんの発生には、ヒトパピローマウイルス（HPV：Human Papillomavirus）の感染が多くの場合関連している。HPV は性交渉で感染する。

子宮頸がんワクチン

　子宮頸がん予防ワクチンを接種することで、ヒトパピローマウイルスの感染を予防する。日本で使用されているワクチンは、サーバリックス（GSK 社）とガーダシル（MSD 社）の 2 種類があり、推奨年齢は小学校 6 年生〜高校 1 年生相当の女子。接種後にみられる主な副反応として、発熱や接種した部位の痛みや腫れ、注射による痛み、恐怖、興奮などをきっかけとした失神などが報告されている。

性感染症（STD）

性行為により感染する病気。症状を感じにくいものもあるため、感染して気づかないでいると、知らない間に体がむしばまれていく。STD は、Sexually Transmitted Diseases の頭文字をとったもの。HIV、クラミジア、淋病、梅毒、カンジダ等多くの種類がある。

性自認

自己の性別をどう認識しているかということ。自分は男性である、あるいは女性であるという自分自身への性の自己認識のこと。

性的指向

情愛や性愛等の好きになる相手の性別を指す概念。「自分にとって恋愛や性愛の対象となる性別は何か」ということ。

性同一性障害（GID：Gender Identity Disorders）

心の性と身体の性が一致せず、性別違和感をもっている人たち（トランスジェンダー）のうち、医学的対応を希望して、医療機関を受診した場合の診断名。

性別違和

自身の生まれもった肉体的性別と精神的性別に不一致、違和感を覚えること。性同一性障害（Gender Identity Disorders）という言葉が使われていたが、障害と考えることへの反発や研究の発展から、新たに「性別違和」が使用されることが多くなってきた。ジェンダー・ディスフォリア（Gender Dysphoria）を和訳したもの。

性別適合手術

性同一性障害の診断を受けた人が、体の性を自分が望む心の性（性自認、性の自己認識）に近づけるために実施する性器の手術のこと。

セクシュアリティ

「性の在り方」を示す言葉。アメリカ心理学会の公式見解において、人間にはセクシュアリティを構成する4つの要素があるとされ、①生物学的性、②ジェンダーアイデンティティ（性自認）、③社会的性役割、④性的指向の4つであると述べられている。

SOGI（「ソジ」or「ソギ」）

性的指向（Sexual Orientation）と性自認（Gender Identity）の頭文字を合わせた言葉で、ある特定の人たちを意味するのではなく、2つの概念で包括的にとらえる言葉として、ジョグジャカルタ原則*以降に使われるようになった。

＊2006年にインドネシアのジョグジャカルタ市で行われた国際会議で採択された「性的指向と性同一性に関わる国際人権法の適用に関する原則」

タ行

多様性（ダイバーシティ）

英語では Diversity。もともとは、幅広く性質の異なるものが存在しているという意味で用いられていた表現。「生物多様性」「遺伝的多様性」「文化多様性」「人材の多様性」

など、多様性は年齢や性別はもちろん学歴・職歴、国籍・人種・民族、性的指向・性自認といった側面の差別をせず、多様な人材を積極的に活用し、性別や人種の違いに限らず、年齢、性格、学歴、宗教、価値観など、区別や差別をなくし受け入れようとする考え方として用いられている。

デジタルタトゥー（Digital Tattoo）

インターネット上で公開された書き込みや個人情報などが、一度拡散してしまうと、後から消すことが極めて困難であることを、入れ墨（タトゥー）を後から消すことが困難であることに喩えた表現。

トランスジェンダー

出生時に割り当てられた性別とは異なる性別を生きる人、生きたいと思っている人。「性別越境者」ともいう。対義語は「シスジェンダー」。

トランス（ジェンダー）ウーマン（トランス女性）

出生時に割り当てられた性別は男性（Male）だが、自分自身を女性（Female）であると自認し、女性として生きている人、生きようとしている人。「MtF（Male to Female）と言う場合もある。

トランス（ジェンダー）マン（トランス男性）

出生時に割り当てられた性別は女性（Female）だが、自分自身を男性（Male）であると自認し、男性として生きている人、生きようとしている人。「FtM（Female to Male）と言う場合もある。

ナ行・ハ行・ラ行 ─────────────────────

妊孕性（にんようせい）

「妊娠しやすさ」を示す言葉。女性は年齢とともに卵子のもととなる卵胞の数が減り、妊娠能力が低下する。

包括的性教育

性を性交や出産だけではなく、人とのかかわり方や相手の立場を考えることとしてとらえた、科学・ジェンダー平等に基づく性教育。WHO（世界保健機構）やUNESCO（国際連合教育科学文化機関）から理想的な性教育の指針などがまとめられている。「包括的性教育は若者の性行動を促進することはなく、むしろ責任感を高める」「年齢に応じた適切な性教育により思いがけない妊娠や性感染症等のリスクを減らす」ということが示されている。

リベンジポルノ（Revenge Porn）

恋人や配偶者と別れた男性が、復讐（リベンジ）を目的として、以前撮影した相手の猥褻な画像や動画をインターネット上などに公開することを意味する語。

編　集／阿部　活（小学館）
　　　　中山博邦（日本性教育協会）
　　　　斎田和男（編集工房一生社）
装　丁／七島由紀子（編集工房一生社）
ＤＴＰ／編集工房一生社

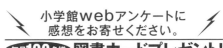

小学館webアンケートに
感想をお寄せください。

毎月100名様 図書カードプレゼント!

読者アンケートにお答えいただいた
方の中から抽選で毎月100名様に
図書カード500円を贈呈いたします。
応募はこちらから!▶▶▶▶▶▶▶▶▶▶

http://e.sgkm.jp/840206
（すぐ授業に使える性教育実践資料集　中学校改訂版）

すぐ授業に使える 性教育実践資料集 中学校改訂版

2020年9月5日　初版第1刷発行

編　著　一般財団法人日本児童教育振興財団内　日本性教育協会
発行人　杉本　隆
発行所　株式会社　小学館
　　　　〒101-8001　東京都千代田区一ツ橋2-3-1
編　集　03-3230-5470
販　売　03-5281-3555
印刷所　文唱堂印刷株式会社
製本所　株式会社若林製本工場

©THE JAPANESE ASSOCIATION FOR SEX EDUCATION 2020
ISBN978-4-09-840206-9
Printed in Japan